······.·.·**C**·**A**·**U**·**R**·**·**···
···..**A U·E·R**····

Lämmle live:
Psycho-logisch!

Brigitte Lämmle, Rolf Reinhaßöder, Nikolai Vielkowitsch

Zehn Grundfragen aus Therapie und Lebenshilfe

1997

Inhalt

Vorwort ... 7
Einleitung ... 11

    Trennen und Zusammenleben ... 15
    Wenn ein Kind kommt ... 33
    Sucht ... 49
    Kinder und Ängste ... 69
    Sexueller Missbrauch ... 85
    Depression ... 103
    Lernschwierigkeiten ... 121
    Eßstörungen ... 135
    Unerfüllter Kinderwunsch ... 151
    Ablösung ... 165

Anhang: Adressen ... 183
Über die Autoren ... 185

Vorwort

Es gibt viele Übereinstimmungen zwischen dem, was in therapeutischen Gruppen stattfindet, und dem, was in der Call-in-Sendung „Lämmle live" passiert. So könnte man das, was da Samstag nachts vor Fernsehkamera und Bildschirm stattfindet, „virtuelle Gruppentherapie" nennen, wenn man den Sprachgebrauch unseres Zeitalters der neuen Medien übernehmen will.

Ratsuchende wenden sich an eine Psychotherapeutin, schildern ihre Situation, ihre Lage, ihr Problem. Die Expertin hört ihnen aufmerksam gespannt zu, stellt Fragen, achtet auf den Tonfall, das Tempo ihrer Stimme, die Muster des Fühlens und Denkens, die in den Schilderungen der Anrufer aufscheinen; sie nutzt ihre diagnostische Erfahrung, um sich ein Bild der Beziehungen ihres Klienten zu anderen Menschen und der Kommunikation mit ihnen zu machen. Schließlich sagt sie, was sie von dem allem hält, gibt Ratschläge und Anregungen. Und die Anrufer: Sie sind nachdenklich, manchmal spürt man als Zuschauer, wie ihnen ein Licht aufgeht, der berühmte Groschen fällt, daß das Gespräch für sie ein Aha-Erlebnis ist.

Doch das ist nicht immer der Fall: Es gibt auch Anrufer, die hören offenbar nicht, was ihnen gesagt wird, oder sie wollen es nicht hören, oder sie wollen nicht die Konsequenzen aus dem ziehen, was sie da hören. Sie rufen an, um bestätigt zu bekommen, daß sie sowieso nichts an ihrer Lage ändern können, sie wollen Bestätigung für ihre Sicht der Welt.

Der Zuschauer am Fernsehschirm verfolgt den Dialog, das „Ringen" von Therapeutin und Anrufer um gegenseitiges Verstehen. Er hat die Außenperspektive des vermeintlich unbeteiligten Beobachters, er sieht, hört und versteht aus der Distanz heraus, was manch emotional verwickelter Anrufer nicht sehen oder hören kann. Er ist nicht unbeteiligt, er kann sich identifizieren, erkennt sich wieder, sieht seine eigene Situation in der des anderen.

All dies findet auch in den Gruppentherapien statt, die sich in dem durch gepolsterte Türen geschützten Intimraum einer psychotherapeutischen Praxis abspielen. Auch hier ist nicht immer der, mit dem der Therapeut gerade arbeitet, derjenige, der am meisten profitiert. Auch hier haben alle anderen die Möglichkeit, mitzufühlen, mitzuleiden und sich mitzuentwickeln. Nur daß es nicht Hunderttausende wie vor dem Bildschirm sind, sondern eine Handvoll Leute.

Auch wenn es die Krankenkasse nicht bezahlt (warum eigentlich nicht?) und wenn es sicher nicht der Anspruch Brigitte Lämmles ist: Was in ihrer Sendung Samstag nachts stattfindet, ist eine – wenn auch ungewöhnliche – Form Psychotherapie. Ihr Ansatz, den sie mit großem Geschick und Einfühlungsvermögen auf die für Psychotherapeuten ungewohnten Medien Fernsehen und Telefon überträgt, ist weitgehend von den Modellen und Methoden der systemorientierten Familientherapie bestimmt. Deren Effektivität ist wissenschaftlich gesichert[1], ihr Reiz ist, daß sie in relativ kurzer Zeit Veränderungen ermöglichen können. Hier zeigt sich, was schon aus der Frühzeit der Psychotherapie bekannt ist, daß die Qualität psychotherapeutischer Hilfe nicht immer von der aufgewandten Zeit abhängt. Manchmal sind es die berühmten „5 Minuten pro Patient", die Weichen stellen können. „Lämmle live" ist ein Beispiel dafür.

In diesem Buch erläutert Brigitte Lämmle im Gespräch mit ihren Moderator Rolf Reinlaßöder, welche Modelle ihrer Arbeit zugrunde liegen. Zu den am häufigsten von den Anrufern in ihrer Sendung angesprochenen Problemen und Themen liefert sie die Erklärung, wie solche Probleme in zwischenmenschlichen Beziehungen entstehen können und welche Wege zur Lösung sich daraus ergeben.

Alle diejenigen, die „Lämmle live" im Fernsehen gesehen haben, werden in diesem Buch viele nützliche Hintergrundinformationen finden. Jeder Mensch hat im Laufe seines Lebens eine Vielfalt schwieriger Situationen zu bewältigen. Wie sie entweder zu dau-

---

1 Vgl. Shadish, W. R. et al. (1997): Effektivität und Effizienz von Paar- und Familientherapie: Eine metaanalytische Perspektive. *Familiendynamik* 1, 1997: 5–33.

erhaften Problemen werden oder aber bewältigt werden, hängt nicht vom Zufall ab. Es läßt sich erklären, und aus Erfahrungen kann man Konsequenzen ziehen. Brigitte Lämmle liefert hier gut verständlich ein Kondensat ihrer Erfahrungen, die der Leser – daran habe ich keinen Zweifel – für sich nutzen wird.

Priv.-Doz. Dr. med. Fritz B. Simon
Facharzt für Psychiatrie und psychotherapeutische Medizin,
Vizepräsident des Europäischen Familientherapieverbandes (EFTA)

Einleitung

Einleitung

„Da muß man ganz genau hinsehen, welche Rolle das im Familiensystem spielt ..." Wir haben wirklich gelacht. Darüber, wie oft dieser Satz in unserem Manuskript vorgekommen ist. Denn natürlich – alte Journalistenregel – den Anfang schreibt man ganz zum Schluß, wenn man alles noch mal durchgelesen hat. Jetzt haben wir zwar dafür gesorgt, daß die Formulierung jedesmal ein bißchen anders klingt, die zentrale Botschaft bleibt trotzdem: Probleme sind nicht immer das, was sie zu sein scheinen. Es ist vertrackt: Sie haben Aufgaben im System, senden Botschaften aus und haben sogar versteckte Vorteile. Wer sich fragen läßt: Was würde sich denn noch verändern, wenn Dein Problem verschwindet – der stellt oft verblüfft fest: Die Lösung liegt ja ganz woanders. Ich habe die ganze Zeit im falschen Planquadrat gesucht. Man kann sich wie ein Billiardspieler fühlen, der sieht: Ein Stoß, der auf geradem Weg unendlich schwierig wäre, geht über eine Bande plötzlich ganz einfach.

Die Frage nach der Funktion des Symptoms und individuelle Lösungswege gehören zum Standardrepertoire der systemischen Familientherapie. Brigitte Lämmle ist systemische Familientherapeutin – seit fast drei Jahrzehnten. Beim „Über-die-Bande-denken" kann man ihr jeden Monat in der Nachtsendung „Lämmle live" im Fernsehen zuschauen. Sie nimmt Anrufe entgegen – Hilferufe oft. Sie stellt sich auf ihre Anrufer ein, und sie tut das, was in einem Gespräch von zehn, fünfzehn Minuten getan werden kann. Das ist zum Erstaunen vieler oft eine ganze Menge.

Seit es die Sendung gibt, hatten wir das Gefühl, wir sollten nicht nur *mit* den Anrufern reden, sondern auch *über* ihre Schwierigkeiten. Denn bei aller Vielfalt: Einige der Themenschwerpunkte zeigen sich immer wieder. In der Call-in-Sendung selbst wirkte es merkwürdig deplaziert, wenn Moderator Rolf Reinlaßöder mit Brigitte

Lämmle über Alkoholismus im Allgemeinen zu sprechen begann, kurz nachdem ein Anrufer mit Suchtproblemen den Hörer aufgelegt hatte. Er wirkte dann wie ein „Versuchskaninchen", ein Fallbeispiel nur noch. Das wollten wir niemandem antun, denn wir bewundern den Mut unserer Gesprächspartner und wissen, daß die Sendung von ihrer Offenheit lebt.

Eine andere Form mußte also her. Und eine der Möglickeiten, über die zehn häufigsten Schwerpunkte aus der Sendung „Lämmle live" zu sprechen, ist dieses Buch. Deshalb auch die Interview-Form – Gespräche über Depressionen, über Trennungen, über Krisen, wenn die Kinder aus dem Haus gehen, wenn der Partner trinkt.

Psycho – ok. Logisch sollte es aber auch sein. Wonach man sich gerade als Psychotherapeut nämlich sehr wohl fragen lassen muß, sind die guten Gründe, aus denen man handelt, die Zusammenhänge, die man herstellt, die Grundannahmen, von denen man ausgeht. Genau das haben wir versucht: Journalist Rolf Reinlaßöder fragt Therapeutin Brigitte Lämmle.

Um die Verbindung zu unserer Call-in-Sendung deutlich zu machen, haben wir vor jedes Kapitel ein entsprechendes Gedächtnisprotokoll gestellt. Dort gibt Brigitte nicht nur den äußeren Ablauf eines Lämmle-live-Gespräches aus ihrer Erinnerung wieder, sondern auch einen Teil ihrer inneren Vorgänge – stark verkürzt. So, wie die Gespräche jetzt aufgeschrieben sind, liegt der Schwerpunkt darauf, den Prozeß, der dabei stattfindet, die Entwicklung wiederzugeben.

Wir haben die Fälle verfremdet. Denn wir möchten keinen der Anrufe wiederholen – nicht im Fernsehen und auch nicht in einem Buch. Nach unserem Empfinden gilt das Einverständnis der Anrufer, in der Öffentlichkeit über ihre Intimsphäre zu sprechen, nur für den Moment der Live-Sendung. Ebenfalls stark verfremdet sind die Fallbeispiele, die aus der therapeutischen Praxis erzählt werden.

Vielleicht ist dieses Buch für sie spannend, vielleicht entspannend. Oder sie müssen laut loslachen. Vielleicht macht es sie aber auch nachdenklich, vielleicht neugierig. Oder aber es macht sie möglicherweise ärgerlich, wütend sogar – eben wie das ganz alltägliche Familienleben. Sie wissen ja: „Da muß man ganz genau hinsehen, welche Rolle das im Familiensystem spielt."

Trennen und Zusammenleben

GEDÄCHTNISPROTOKOLL BRIGITTE: EIN ANRUF IN „LÄMMLE LIVE"

> Rolf moderiert: „Die nächste Anruferin ist 34 Jahre alt. Sie steht zwischen zwei Männern. Für wen soll sie sich entscheiden?"
>
> Sie erzählt: „Ich bin verheiratet und hab' zwei Kinder, so im Pubertätsalter ..."
>
> *Ich höre eine mittelalte Stimme. Schweres Atmen. „Tunnelatmung" geht mir durch den Sinn, so was wie „Tunnelblick". Dünn, leise, leblos ...*
>
> „... Ich war zur Kur. Dort hab ich einen Ausländer lieben gelernt ..."
>
> *Ich spitze die Ohren: „lieben gelernt ...".*
>
> Sie erzählt weiter: „Ich hab' ihn auch mal besucht."
>
> (Lange Pause)
>
> *Sie bricht ab. Schlagartig. Ende. Ich empfinde den Impuls weiterzuführen. Sonst bleibt das Gespräch stehen. Gleichzeitig Widerstand in mir: Ich will das nicht in die Hand nehmen. Eine vage Ahnung: Bleibt in diesem Leben sonst noch was stehen? Ich nehme diese vage Haltung ein. Ich frage ...*
>
> „Und die Kinder?"
>
> Sie sagt: „Ja, wenn die Kinder nicht wären ..."
>
> *... auch sie klingt vage. Leichter Unmut in mir. Ich denke: Sind wir hier auf 'ner Katzenparty? Beide umschleichen sich und nix passiert. Dann noch ein Gedanke: Wer so lange schleicht, hat irgendwo eine Sicherheit versteckt. Jetzt greife ich zu. Ich frage ...*
>
> „Heißt das, du hast dich innerlich schon entschlossen, und *ich* Einmeterneunzigfrau soll für *dich* aussprechen, was *du* willst?"

Sie antwortet „Jaa!"

Ich spüre ihren Riesenaufatmer. Trotzdem noch Widerstand in mir. Das ist nicht meine Aufgabe. Ich sage ...

„Tu ich aber nich'! Ich versuch' dir aber trotzdem zu helfen. Angenommen du weißt deine Kinder gut aufgehoben, wie würdest du dann entscheiden?"

(...)

EIN WEITERER ANRUF

Rolf moderiert: „Der nächste Anrufer ist 26. Sein Problem ist ganz ähnlich. Er steht zwischen zwei Frauen und weiß nicht, wie er sich entscheiden soll ..."

„Ich bin seit drei Jahren verheiratet ..."

Ich höre eine junge, vitale Stimme. Ganz hinten in seinem Hals höre ich ein Lachen. Ich frage Fakten ab. Er sagt ...

„... Vor einem halben Jahr habe ich mich in eine Kollegin verliebt. Jetzt bin ich total in der Zwickmühle. Einerseits ..."

Während er weitererzählt, entsteht bei mir ein Bild. Ich sehe eine meiner Freundinnen vor mir. Erinnere mich an sie. Die kann so dekorativ weinen, daß ihr eine dicke Träne aus jedem Auge bis in die Mitte der Wange läuft. Trotzdem nimmt das niemand hundertprozentig ernst, weil es einfach nur schön aussieht. Mein Anrufer erinnert mich an sie. Warum? Ein Gedanke taucht auf: „Ein schönes Leid ...". Ich frage weiter ...

„Ist es noch ein Spiel mit dem Feuer, oder geht's schon ans Eingemachte?"

Er lacht.

In seinem Lachen spüre ich Aufatmen, Loslassen. Ich denke: Er lacht sich was von der Seele, obwohl er vielleicht lieber weinen möchte. Er sagt mit tiefem Aufatmen ...

„Es ist noch das Spiel mit dem Feuer."

> *Ich spüre bei ihm noch mehr Erleichterung, Humor. Jetzt traue ich mich, weiter auf dieser Leichtigkeitsseite zu bleiben. Ich lege noch eins drauf ...*
>
> „Ts, Ts, Ts. Was würd' denn deine Mama dazu sagen, wenn du mit dem Feuer spielst und ...?"
>
> *Noch bevor ich zu Ende gesprochen habe, antwortet er ...*
>
> „Laß die Finger davon!"
>
> (...)

Rolf Reinlaßöder: Es hat so wunderbar begonnen und dann das fürchterliche Ende! Verliebt, verlobt, verheiratet – dieser Dreierschritt endet inzwischen schon für jede dritte Ehe in Deutschland vor dem Scheidungsrichter. Bis ein Paar an diesen Punkt kommt und sich vor dem Richter wiederfindet, hat es einen langen Prozeß durchlaufen.

Erst war man noch zusammen, dann entwickelt sich 'ne Krise. Man versucht abzuwägen, ist unsicher, arbeitet an der Beziehung, hofft wieder. Es gibt immer wieder viele Konflikte und dann: Dann kommt es doch zur Trennung, und Welten scheinen einzustürzen.

Brigitte Lämmle: An dem, was du da geschildert hast, gibt es für mich etwas ganz Wichtiges: Trennung erfolgt nie mit einem Knall. Es ist vielmehr eine Entwicklung. Deshalb glaub' ich auch keinem, der mir sagt: *„Ich hab' acht Jahre lang nicht gemerkt, daß meine Frau fremd gegangen ist."* Da muß man einfach sagen, er hat acht Jahre lang – wie auch immer – auf seinen Sinnen gesessen und wollte es nicht wahrhaben.

Rolf Reinlaßöder: Wie kommt es dazu, wieso will man so was nicht wahrhaben?

Brigitte Lämmle: Dieses Erkennen, daß etwas zu Ende geht, ist einfach mit sehr viel Schmerz verbunden. Aber laß mich den anderen Gedanken noch zu Ende bringen: Trennung ist ein Prozeß. Und der ist auch mit dem Moment, in dem man auseinandergeht, noch nicht zu Ende ...

Trennen und Zusammenleben

Rolf Reinlaßöder: ... das kann Monate und Jahre dauern. Ich erinnere mich, als ich so eine Trennung erlebt habe, daß ich wochenlang nicht nur tief traurig, sondern auch unheimlich aggressiv war.
Brigitte Lämmle: Aggression stellt ja auch eine Kraft dar, das ist ganz verständlich. Diese Aggression kann quasi den Schub zur Trennung bedeuten: *„Verdammt noch mal, du hast mich betrogen, belogen"* – wieso sollte man da nur ruhig sitzen und nicht wütend werden dürfen?
Rolf Reinlaßöder: Und wenn es dann heißt: *„Ich trenne mich von dir, aber laß uns wie gute Freunde auseinandergehen".* Bringt das weiter?
Brigitte Lämmle: Ich halte diesen Wunsch für fromm und unrealistisch. *„Laß uns Freunde bleiben"*, das hört sich zwar wunderschön an, aber in meiner Praxis habe ich die Erfahrung gemacht, daß so ein Wunsch meistens nicht in Erfüllung geht. Freundschaften und Liebesbeziehungen haben völlig unterschiedliche Grundlagen. So ein Wunsch zeigt eher, wie schwer uns Trennungen fallen. Da ist dieses *„Wir bleiben Freunde"* so was wie eine Krücke, die uns über die schweren Momente weg helfen soll. Dabei gibt es Hilfsmittel, die das Trennen und dann auf lange Sicht auch das Abschiednehmen tatsächlich unterstützen können.
Rolf Reinlaßöder: Patentrezepte?
Brigitte Lämmle: Nein, das auf keinen Fall. Aber es *kann* z. B. hilfreich sein, wenn Abschiedsrituale stattfinden. Die Hände schütteln, Abschied „feiern". Oder ein Abschiedsgeschenk austauschen. Oder man kann hingehen und eine Entrümpelungsaktion starten: *„Was liegt da in der Schublade? Noch diese Muscheln aus dem letzten gemeinsamen Urlaub? – weg damit! Und der geschnitzte Hocker aus Portugal, den wir damals zusammen gekauft haben? – weg damit!"* Das kann man zusammen oder auch alleine tun. Auch die Auseinandersetzung über die gemeinsam verbrachten Jahre *kann* hilfreich sein.

Nur muß man sich klar sein, daß auch bei solchen Gesten unterschwellig hochaggressive Prozesse laufen können. Trennung in Harmonie hört sich für meine Ohren sehr, sehr abgeklärt an.

Ich erinnere mich, wie ich ganz am Anfang meiner Therapeuten-Ausbildung ein Paar bei der Trennung begleitet habe. Eines Tages kam die Frau total entrüstet zu mir und erzählte, daß sie morgens vor ihrer Wohnungstür einen Becher voller Scheiße stehen hatte. Ich war genauso empört wie sie und fand, daß das eine Unverschämtheit sei. Ganz aufgelöst bin ich dann zu meinem damaligen Ausbilder. Und weißt du, was der dann sagte: *„Mädel, kapier' doch endlich, daß Trennungen nicht in einer Soße von Harmonie schwimmen. Sieh genau hin: Das können hochaggressive Verläufe sein."* Der hat mir damals wirklich die letzten Harmonie-Träume aus den Kleidern gepfiffen.

Rolf Reinlaßöder: Früher hat man gesagt, es gibt das verflixte siebte Jahr in Beziehungen. Da kracht es bei den meisten. Aber es gibt sicher neben dem Faktor Zeit auch andere herausragende Lebensereignisse, die das Zusammensein schwer machen. Zum Beispiel die Geburt eines Kindes, das die Beziehung durcheinanderwirbelt; oder Wechseljahre, die auch zu einer neuen Definition der Beziehung führen. Wann sollten die Alarmglocken läuten?

Brigitte Lämmle: Es gibt 'nen ganz, ganz klassischen Stolperstein. Und das hat was mit der Traumliebe, dem Traum von einer Liebe zu tun. Dieser Traum beginnt bei uns ganz früh. Ich wußte zum Beispiel schon als Kind, wie mein Traumpartner später zu sein hat. Wenn wir einen Partner kennenlernen und uns verlieben, dann läuft sozusagen ein Film ab. Ein Film, in dem all das vorkommt, was ich mir von einem geliebten Menschen wünsche. All die Dinge, mit denen mir's von klein auf gut gegangen ist.

Rolf Reinlaßöder: Und der Film heißt: *„Der Märchenprinz!"*

Brigitte Lämmle: Der Märchenprinz, so heißt er. Wichtig ist aber, daß es nicht nur um so eine allgemeine Vorstellung geht, sondern um sehr persönliche Erfahrungen. Ein Mensch, in den ich verliebt bin, ruft in mir ganz tiefe Erinnerungen wieder ab: Zum Beispiel das gute Gefühl, das ich hatte, wenn Papa früher mit mir gesprochen hat. Den guten Geruch, der mich an meine erste Liebe erinnert. Solche Sachen.

Und plötzlich wird durch wenige Assoziationen das Gesamtbild meiner Liebe abgerufen. Plötzlich steht er vor mir – der Traumprinz. Jetzt läuft er ab, mein Liebesfilm.

Rolf Reinlaßöder: Wie lange dauert diese Faszinationsphase?

Brigitte Lämmle: Das werde ich immer wieder gefragt. Schwer einzugrenzen. Das variiert. Sagen wir mal zwischen sieben Tagen, in denen man ununterbrochen gemeinsam im Bett bleibt, bis hin

zu sechs Monaten, in denen man immer noch glaubt, daß man voneinander total fasziniert ist.
Aber nach dieser Faszinationsphase kommt unweigerlich der Alltag. Und mit dem Alltag kommt das Erkennen. Dann sehe ich den anderen, wie er ist. Im Alltag. Ich guck' ihn mir nicht mehr nur durch meine Filmbrille an. In dieser Phase fallen plötzlich Sätze, die wir alle kennen: *„Du warst früher ganz anders!"* Oder: *„Am Anfang hast du dir mehr Mühe gegeben!"* Oder: *„Sei doch wieder so, wie du am Anfang warst!"*
Diese Sätze kann man übersetzen. Die heißen eigentlich: *„Sei doch wieder so wie in meinem Film."* Dann gibt es die großen Mißverständnisse. Was dann einsetzt, das ist die sogenannte Umerziehungsphase. Der andere soll jetzt wieder so werden, wie ich mir das vorstelle ...

Rolf Reinlaßöder: ... das haut aber nicht hin.

Brigitte Lämmle: Exakt. Deshalb ist das eigentlich die Beziehungs-Bruchstelle schlechthin. Teilweise wird sie zunächst noch vorübergehend gekittet, weil zum Beispiel ein Kind kommt. Solche Klebestellen halten aber nicht ewig. Der Riß bricht dann irgendwann später unweigerlich wieder auf. Aber viele Paare trennen sich tatsächlich in genau dieser Entwicklungsphase.

Rolf Reinlaßöder: Das Trennungsrisiko ist also in der Situation besonders hoch, in der diese Entzauberung vor sich geht, in der man den Partner realistischer sieht als zu Beginn der Beziehung. Soll man deshalb die Traumbrille ganz wegpacken?

Brigitte Lämmle: Ich glaube, daß von der Brille immer noch so'n bißchen da bleiben sollte. So, daß du immer wieder den Partner zwar realistisch siehst und dich zugleich aber an das erinnerst, was er für dich mal mit der Traumbrille gewesen ist. Ich meine: Ein Stück von der Traumbrille in der Tasche behalten und gleichzeitig aber den Partner so akzeptieren, wie er ist – mit allen Schwächen und mit allen Stärken. Wenn man das schafft, tritt man in die nächste Phase. Es gibt auch ein Fachwort, das diesen Abschnitt beschreibt – das klingt allerdings etwas dröge: die „Akzeptanzphase".

Rolf Reinlaßöder: O. K. Einen Teil unserer Traumvorstellungen können wir behalten. Von einem großen Teil müssen wir uns aber verabschieden, warum fällt uns das so schwer?

Brigitte Lämmle: Weil uns diese Traumbrille ja wie ein ureigener sicherer Film begleitet. Wir fühlen uns geliebt, wenn dieser Film abrufbar ist. Das ist etwas, was ich in meiner Praxis sehr oft beobachte. Ein Beispiel:

Eine junge Frau hat einen Vater gehabt, der gleichzeitig eine sehr warme Stimme und einen sehr harten Blick hatte. Ihr Traumfilm geht deshalb folgendermaßen: *„Den Mann, den ich lieben werde, den erkenn' ich an der Stimme – an der schönen, warmen Stimme."* Jetzt hat sie aber einen Mann, bei dem das ganz anders gelagert ist; bei dem läuft ein ganz anderer Film: *Er* legt seine ganze Erregung in die Augen. *Sie* kommt aber gar nicht auf die Idee, auf seine Augen zu achten. Denn die Augen hat sie ja schon damals bei ihrem Papa aus der Wahrnehmung ausgeklinkt. Sie hört statt dessen nur die piepsige Stimme von ihrem Freund. Und mit dieser ganz und gar nicht warmen Stimme sagt der: *„Ich liebe Dich!"* und schaut sie dabei ganz liebevoll an. Das paßt aber nicht in ihren ureigenen Film. Sie hat ja den Film laufen: Der Mann, den ich liebe, der hat eine warme Stimme; das werde ich hören.

So ist das erste große Mißverständnis da. Denn sie sagt zu ihm: *„Ich weiß, daß du mich nicht liebst. Ich hör' das doch."*

Solche Mißverständnisse hängen davon ab, welcher Film bei wem läuft.

Rolf Reinlaßöder: Dann sind wir ja Opfer unserer Kindheitsvorstellung. Quasi durch unsere frühen Erfahrungen programmiert. Kann man sich davon denn lösen?

Brigitte Lämmle: Nein! Für diese *Traumbrille* bin ich programmiert. Deshalb kann sie die Partnerschaft gerade in Alltags- und Streßsituationen besonders stark belasten.

Aber zusätzlich zur Traumbrille gibt's ja noch viel mehr: Ich habe als Mensch ja eine ganze Menge an Beziehungs- und Aktionsmustern: Ich kann dich streicheln, ich kann dich beschimpfen, ich kann mich bei dir entspannen. Ich habe ja ganz viele Verhaltensmuster.

Je mehr ich von diesen Verhaltensmustern habe, je mehr ich mit dir tun, handeln kann, desto größer wird auch wieder die Chance, daß wir unseren Traumfilm gemeinsam laufen lassen können.

Rolf Reinlaßöder: Viele Paare verharren manchmal jahrelang in einem für Außenstehende quälend wirkenden, unmöglichen Beziehungsgeflecht – weit entfernt von ihrem Traumfilm. Sie sind ernüchtert, hoffen aber gleichzeitig, daß es doch noch mal irgendwie besser wird.

Sie bleiben zusammen, weil die Trennung eine ganz schwere Entscheidung ist. Ist es Angst vor der Unsicherheit, ohne den Partner zu leben, weshalb Menschen oft so quälend lange in unglücklichen Beziehungen verharren?

Brigitte Lämmle: Es kann Angst sein. Aber es kann auch noch etwas anderes dazukommen. Man muß sehr sorgfältig hinschauen, was dahintersteckt, wenn sich ein Paar in einer solchen Lebenssituation nicht trennt.

Zu mir kam ein Paar in die Therapie, das verharrte so schon seit elf Jahren. Sie lebten nach dem Muster: *„Wir tun so, als ob wir getrennt sind und sind doch noch zusammen."* Das mußt du dir vorstellen: Elf Jahre lang! In der Therapie stellte sich dann sehr schnell heraus, daß Sexualität für beide mit Angst besetzt war. Deshalb konnten sie dieses Muster so lange aufrechterhalten. Es hatte den versteckten Vorteil, daß sie sich so nie zu nahe kamen. Sie brauchten die Intimität nicht zu leben, die ihnen Angst machte.

Rolf Reinlaßöder: Mal weitergedacht: Wenn einer der Partner keinen Bock auf Sex hat, was kann da sonst noch dahinter stecken?

Brigitte Lämmle: Das kann vieles sein. Vielleicht ist es auch einfach nur Streß im Beruf – Vorsicht bei schnellen Diagnosen! Aber auf der Ebene, über die wir jetzt sprechen, also in der Therapie, schau' ich dann zum Beispiel: Welche frühe Trennung hat da möglicherweise nicht vollständig stattgefunden? Oder habe ich vielleicht die Verantwortung für meinen Körper, die Fürsorge, nie selbst übernommen; es besitzt sozusagen noch jemand anders die Verfügungsgewalt über meinen Körper, und das hindert mich dann, meine körperliche Vitalität im Sex zu leben. Gab es vielleicht sexuelle Grenzüberschreitungen in der Kindheit?

Wenn ich da als Klient oder Klientin mit therapeutischer Unterstützung weiterkommen will, dann muß ich diese Personen im weitesten Sinne verabschieden, mich mit ihnen aussöhnen. Dabei können wieder Rituale hilfreich sein. Trennung für Trennung, fein säuberlich den Lebensphasen angemessen, damit ich

irgendwann mit all meinen Sinnen wahrnehme: *„Ich bin in meinem Körper zu Hause, ich habe dafür die Verantwortung, ich darf die Lebendigkeit des Sex erleben und genießen. Da hat kein anderer mehr die Verfügungsgewalt drüber."*
Rolf Reinlaßöder: „Mein Körper gehört mir ..."
Brigitte Lämmle: Das klingt mir ein bißchen zu sehr nach militantem Emanzenspruch. Für mich hat deren Haltung oft nur etwas Trotziges und damit auch wieder Kindliches, Unreifes. Was ich meine, hat mit Militantsein nichts zu tun. Im Gegenteil: Da muß man ganz behutsam vorgehen ...
Rolf Reinlaßöder: Warum fällt es den meisten Menschen überhaupt so schwer, sich zu trennen. Nicht nur vom Lebenspartner, sondern auch von Freunden, vom Wohnort, vom alten Arbeitsplatz, von Gewohnheiten?
Brigitte Lämmle: Vertrautes, Gewohnheiten bieten eine unendliche Sicherheit. Schau mich an, ich bin auch eher ein konservativer Mensch. Ich verrat' dir was: Bei mir zu Hause beharre ich sogar auf meinem Sessel in der Küche. Wer da drauf sitzt, fliegt runter.

Wir dürfen eins nicht vergessen: In unserem Leben pendeln wir ja immer zwischen sicheren und angstmachenden Situationen hin und her.
Rolf Reinlaßöder: Aber in der Unsicherheit, der Angst, liegt zugleich doch ganz viel Thrill, ganz viel Lebendigkeit.
Brigitte Lämmle: Wer aber eher das Bedürfnis hat, die Angst klein zu halten, der tut sich auch mit Veränderung eher schwer.

Wer dagegen den Thrill sucht, der wird das Risiko eingehen können. Aber gerade dabei muß man sehr sorgfältig hinschauen: Es gibt Menschen, die sich permanent nach der Faszinationsphase trennen. Die erzählen dann, wie spannend es doch sei, welcher Thrill, wenn sie sich immer wieder neu verlieben. Aber letztendlich schneidet dieser Thrill sie ja von ihrer gesamten Lebenspotenz ab, weil sie keine dauerhafte Beziehung leben können, weil sie zum Beispiel auch keine Schutzfunktion für ein Kind übernehmen können und, und, und.

Also: Auch Thrill hat seine zwei Seiten.
Rolf Reinlaßöder: Trennungen können hochdramatisch ablaufen. Die Zeitungen sind immer wieder voll davon, wenn ein Star wie zum Beispiel Mick Jagger nach dem x-ten Seitensprung rausgeschmissen und dann nach ein paar Wochen doch wieder aufge-

nommen wird. Wie stehen da die Chancen, daß das noch mal gutgeht?

Brigitte Lämmle: Rolf, stell dir das vor: Dieser Hysteriker Mick Jagger! Der hat das Theater ja nicht nur auf der Bühne. Der braucht das Theater auch Zuhause, auch im Bett. Oh, stell dir mal bildlich vor, wie das da wahrscheinlich abläuft: Der liegt am Boden. Und dann stellt ihm jemand noch den Fuß auf die Gurgel und sagt: Hau endlich ab, Mistkerl! Das ist doch Thrill für den!

Deshalb: Schau immer sehr genau hin, *was* für ein Liebesfilm bei einem Paar gespielt wird. Wenn das ein dramatischer Film ist, wenn zwei das Theater brauchen – und es gibt viele, die dieses Theater brauchen – dann gibt es nichts Besseres, als mit großer Geste die Tür zuzuschmeißen. Kurz danach dann der theatralische Kniefall, die Versöhnung – das ist Theater! Und in diesem Theater leben sie. Dann kann auch die Rückkehr sinnvoll sein, sogar das Hin und Her.

Wenn ein Paar aber eher so strukturiert ist, daß es die Geborgenheit braucht, dann kann durch einen Seitensprung und eine Trennung soviel Angst entstehen, daß das Vertrauen hinterher nur ganz schwer wieder herzustellen ist.

Rolf Reinlaßöder: Vor der Trennung sind viele hin- und hergerissen, sind unsicher, wissen nicht, was das Richtige ist. Soll man weitermachen, soll man aufhören? Gibt's in dieser Unsicherheit einen Indikator, der einem sagt, das ist der richtige Weg für Dich, tu's?

Brigitte Lämmle: „Ich will mich trennen und ich tu's doch nicht", das ist wirklich eine ganz häufige Ambivalenz. *„Ich möchte den einen Schritt raus machen und zugleich aber auch wieder nicht. Ich will und ich will nicht"* – wenn beide Teile gleich schwergewichtig sind, dann führt das zu einer Lähmung.

Der Betreffende wird schwer, der bleibt in seinem Sessel sitzen und sagt: *„Eigentlich hab ich zu nichts mehr Lust. Früher hat's mir Spaß gemacht. Aber jetzt habe ich zu nichts mehr Lust."*

Diese Lähmung ist ein ganz deutliches Indiz dafür, daß ich festgezurrt bin. Genau dieses Gefühl ist ein deutliches Zeichen, daß etwas passieren muß ...

Rolf Reinlaßöder: ... nur was? Man kann sich ja auch falsch entscheiden ...

Brigitte Lämmle: Richtig ...

Rolf Reinlaßöder: ... Auch für sich selbst falsch entscheiden. Beim Berufswechsel zum Beispiel: Da ist man ins kalte Wasser gesprungen und merkt ein paar Monate später: Hätte ich besser nicht gemacht, da hab' ich mir doch 'ne Lungenentzündung geholt. Was kann man denn tun, damit man rauskriegt, was für einen richtig ist?

Brigitte Lämmle: Also, wenn man sich wie festgezurrt erlebt in dieser Ambivalenz von *„ich will und ich will nicht"*, da halte ich ein Spiel, das wir aus der Kindheit kennen, für ganz besonders hilfreich: Das Spiel *„So tun, als ob"*. Ich tu' jetzt einfach für eine Zeit so, als ob ich aus diesem Beruf rausgehe. Ich nehm mir Urlaub und hocke mich in der Uni auf einen Stuhl und tue so, als ob ich Student bin. Oder ich tue so, als ob der Job doch für mich in Ordnung ist. Ich muß also sozusagen eine dieser beiden Seiten füttern. Wenn ich das tue, dann bekomme ich über mich sehr deutliche Informationen. Dann sagt mir mein Inneres: *„Ach nee, dafür bin ich doch zu alt."*, oder *„Genau, das ist es."*

Also: So tun, als ob kann sehr hilfreich sein.

Rolf Reinlaßöder: Paare, die nicht wissen, ob sie sich wirklich trennen wollen, könnten dann so tun als ob und zum Beispiel mal getrennt in Urlaub fahren.

Brigitte Lämmle: Bingo! Genau! Getrennter Urlaub!

Rolf Reinlaßöder: Wie geht es dann weiter?

Brigitte Lämmle: Ich mache das auch in meiner Praxis. Da biete ich den Paaren dann als Weg an: *„Zieht für sechs Wochen oder für sechs Monate wirklich auseinander. Tut so, als ob ihr euch endgültig trennt."* Oder: *„Tut so, als ob die Krise bewältigt wäre und arbeitet mit dieser Voraussetzung in der Familientherapie weiter."* Meine Erfahrung ist, daß der Weg, der bei diesem *„so tun, als ob"* gewählt wird, dann auch bei der späteren Entscheidung überwiegt. Ein Paar, das dann wirklich für sechs Monate auseinanderzieht und so tut, als ob es für immer auseinanderzieht, bleibt dann meistens auch getrennt.

Rolf Reinlaßöder: Wenn es zur Trennung kommt, gibt es meist zwei Parts: Es gibt den, der sagt *„geh"*, und den anderen, der gegangen wird. Für denjenigen, der verlassen wird, ist die Situation doch sicher schwerer.

Brigitte Lämmle: Nee, erstaunlicherweise nicht! Denn der, der geht, übernimmt auch einen ganz großen Teil der Verantwortung dafür, daß der gemeinsame Film zerrissen ist. Dadurch hat er zum Beispiel schwere Schuldgefühle.
Also: Ganz egal, welche Seite beendet: Jede trägt ähnlich schwer.

Rolf Reinlaßöder: Trennung ist mit Gefühlen der Ohnmacht, der Verzweiflung, Trauer, Wut, Leere verbunden.

Wie lange dauert es, bis man aus dem Tal der Tränen rauskommt und sich nach einer Trennung wieder einigermaßen stabilisiert hat?

Brigitte Lämmle: Wir haben ja die Amerikaner mit ihren statistischen Untersuchungen – bei den Psychologen meine ich. Die gehen davon aus, daß die seelischen Schmerzen einer Trennung nach vollzogener Scheidung – also noch nicht von der Trennung ab gerechnet, sondern wirklich vom Scheidungs*urteil* ab – bei Männern bis zu anderthalb Jahren dauern. Bei Frauen dauern diese Schmerzen bis zu zweieinhalb Jahren und bei Kindern bis zu einem Jahr.

Ich glaube aber, man merkt an sich selber, wann eine Trennung abgelaufen ist, dann nämlich, wenn ich aus diesem ritualisierten Beweinen, daß etwas zu Ende ist, heraus bin. Aus diesem *„Jetzt hätte ich mit ihm Sportschau geschaut"* oder dem *„Ach, jetzt hätten wir das Fläschchen Wein aufgemacht"* – wenn das gestrichen ist und jemand für sich das Gefühl hat: *„Gott sei Dank, jetzt muß ich nie mehr diese Scheißsportschau sehen"*, dann ist es soweit. Das ist ein Indiz, daß die Trennung wirklich gelaufen ist. Dann ist auch wieder Platz für Gedanken wie: *„Jetzt nutz' ich endlich die Zeit, das zu tun, was ich machen möchte."* Erleichterung entsteht und auch der Impuls, was Neues zu beginnen. Ein neues Bild.

Das heißt nicht, daß ich nicht morgen wieder mal einen Absturz haben könnte und dann sage, *„Aach, hätt' er doch!"* Aber das neue Bild ist schon da.

Rolf Reinlaßöder: Ein neues Bild heißt oft auch neue Beziehung. Wenn man sich Hals über Kopf in was Neues stürzt, geht das ja oft in die Binsen.

Brigitte Lämmle: Es bleibt dabei: Bis eine Trennung wirklich vollzogen ist, vergeht seine Zeit. Wenn jemand schnell zu einem anderen Partner hingeht, muß man sich sehr sorgfältig anschauen: *„Ist er wieder offen für diese Beziehung oder ist diese neue Beziehung nicht bloß Mittel zum Zweck?"*

Rolf Reinlaßöder: Wenn sich ein Paar, das Kinder hat, trennt. Was können sie tun, damit die Kinder möglichst wenig darunter leiden?

Brigitte Lämmle: Das ist mir ein ganz wichtiger Punkt. Wenn eine Beziehung zu Ende geht, dann bleiben die getrennten Partner trotzdem immer noch die Eltern ihrer Kinder. Nur als Paar können sie sich voneinander trennen, aber nicht von ihrer Elternschaft. Deshalb muß ein Paar, das Kinder hat, am Ende der Beziehung als *Mann und Frau* einen Konsens finden, um als *Eltern* weiter zu machen, wenn die Kinder nicht die Leidtragenden sein sollen. Sie müssen den Kindern ein Bild geben: *„Mama und Papa lieben sich nicht mehr, aber Mama und Papa lieben dich Kind".* Wir bleiben deine Eltern, auch wenn wir als Paar auseinandergehen.

Also müssen sie sich auf zwei Ebenen bewegen: Auf der Paarebene und auf der Elternebene. Das verlangt wirklich viel Disziplin. Vor allem deshalb, weil ja beide auch traurig oder wütend sind. Aber ganz egal, in welcher Phase sie sich gerade befinden, es verlangt immer Disziplin, wenn die Mama dann zum Beispiel zum Kind sagt: *„Ich bin sauer, ich bin stinksauer auf deinen Vater. Aber das ist mein Deal. Er ist dein Vater und er liebt dich."* Entscheidend ist, daß du wirklich auch in dieser Wut die Paar- von der Elternebene trennen kannst. Dann hat ein Kind auch eine Verarbeitungsmöglichkeit, andernfalls wird es immer Parteigänger, wird immer in eine Rolle gezwungen. Das Kind wird dann sozusagen der heimliche Koalitionspartner im Krieg, den das Paar führt.

Zwischen der Paarebene und der Elternebene sollte sehr, sehr, sehr, sorgfältig getrennt werden.

Rolf Reinlaßöder: Sollen Eltern ihren Kindern sagen, warum sie sich trennen?

Brigitte Lämmle: Man kann den Kindern Gründe nennen, die für sie verkraftbar und verarbeitbar sind. Ich glaube, je eher man den Kindern dieses Modell vermittelt: *„Papa und Mama lieben sich nicht mehr und wir haben euch lieb"*, desto besser.

Ich weiß nicht, ob heute noch jedes Kind jahrelang den Impuls hat, die Eltern auf der Paarebene wieder zusammenzubrin-

gen. Es gibt ja mittlerweile schon den Slogan: *„Was, du hast nur einen Papa? Ich hab' aber zwei!"* Diese sogenannten Patchwork-Familien werden mit einer größeren Gelassenheit in die Herzen der Kinder ziehen, wenn wir als Erwachsene ein Modell geben, wie man mit einer Trennung fertig wird.
Rolf Reinlaßöder: Brigitte, ein Tip zum Unglücklichsein. Was muß man machen, damit eine Trennung möglichst lange weh tut?
Brigitte Lämmle: Ein ganz, ganz gutes Mittel ist es, immer wieder alte Rituale aufkochen zu lassen. In den alten Riten zu verharren. Die Wohnung möglichst ungeputzt zu lassen, damit noch der Hauch des Liebsten drin hängenbleibt. Immer wieder an den gemeinsamen Urlaubsort zu fahren, die alte Musik aufzulegen, sich immer wieder in diese alte Assoziationskette zu begeben. Das ist ein todsicherer Tip.

Zum Weiterlesen

Was hält Paare zusammen?
Jürg Willi
(Rowohlt Verlag)

• Jürg Willi schreibt: „Zueinander passen ist kein Zustand, sondern ein laufender Prozeß. Man kann nicht sagen: ‚Jetzt passen wir zueinander', oder ‚Früher paßten wir zueinander', man kann immer nur sagen, daß es einem mehr oder weniger gelingt, sich kreativ miteinander auszutauschen. (...) Das Einander-Suchen ist das Eigentliche der Liebe, nicht das Einander-Finden." Wie dieser Prozeß – den Jürg Willi „Ko-Evolution" nennt – aufrechterhalten werden kann und welche Phasen er durchläuft, davon handelt dieses Buch.

Die Scheidungsmediation.
Anleitung zu einer fairen Trennung
Gary J. Friedman
(Rowohlt Verlag)

• Mediation ist, wie es der Titel dieses Buches sagt, der Versuch, eine Scheidung fair „über die Bühne" zu bringen. Grob gesprochen funktioniert das so: Ein Paar, das sich trennen will, sucht einen „Mediator" auf. Das ist jemand, der sowohl in familientherapeutischen Methoden als auch in Familienrecht ausgebildet ist. Gemeinsam versuchen sie, die Modalitäten der Scheidung auszuhandeln (Sorgerecht, Unterhalt, Eigentum ...). Wenn dieser Prozeß abgeschlossen ist, werden die Vereinbarungen dem Richter oder Notar nur noch zur Bestätigung vorgelegt und nicht mehr vor Gericht verhandelt. Das Buch zeigt Chancen und Grenzen dieser Methode, und es hat vor allem einen umfangreichen und aktuellen Adressenteil, der hilft, einen Mediator in der Nähe zu finden.

Liebesgeschichten neu erzählen
Patricia O'Hanlon Hudson, William Hudson O'Hanlon
(Carl-Auer-Systeme Verlag)

• *Liebesgeschichten neu erzählen* ist ein eindeutig lösungsorientiertes Buch, das zeigt, wie man aus Schuldzuweisungen und Herumanalysieren herauskommen kann, wie man bessere Möglichkeiten beim Lösen der gemeinsamen Probleme findet, und wie man destruktive Kommunikationsmuster unterbricht. Das Therapeutenpaar schildert sehr konkret Strategien der Veränderung, Aufgaben und Rituale für Paare. Und es zeigt eine Vielzahl von Beispielen, wie es Paaren mit Hilfe dieser Verfahren gelungen ist, die Muster ihres Zusammenlebens zu verändern.

Wenn ein Kind kommt

GEDÄCHTNISPROTOKOLL BRIGITTE: EIN ANRUF IN „LÄMMLE LIVE"

Rolf moderiert: Die nächste Anruferin ist 26 Jahre alt. Sie ist verheiratet und hat ein Kind, das jetzt 18 Monate alt ist. Sie sagt,: „Eigentlich hab ich alles, was ich brauche, aber irgendwie fällt mir die Decke auf den Kopf."

Ich registriere: „... Decke auf den Kopf". Ein Bild von Enge. Ich gehe diesem Bild nach. Ich frage:

„Du hast 'nen Wonneproppen zu Hause, und die Decke fällt dir auf den Kopf. Wie paßt das denn zusammen?"

Sie sagt: „Das versteh' ich ja auch nicht ..."

Ich höre ihre Stimme: Sie klingt fröhlich, lebhaft. Ich denke: Eigentlich klingt sie optimistisch. In einem lockeren Gespräch klopfe ich ihre Lebensumstände ab. Ihr Mann arbeitet Schicht, das haben sie aber gut im Griff. Sie leben auf dem Dorf. Eine Freundin, mit der sie immer viel unternommen hat, ist vor kurzem weggezogen. Ihre Eltern und Geschwister leben weit entfernt. Ein Babysitter ist finanziell nicht drin. Scheinbar ist keine der Entlastungen, die eine junge Mutter so haben kann, für sie möglich. Ich spüre: Wenn ich in dieser Richtung Vorschläge mache, beiße ich auf Granit. Ich suche eine andere Form der Entlastung. Ich sage:

„Gell, so ein Wonneproppen kann einen auch ganz schön nerven."

Sie sagt: „Na ja ... ab und zu schon."

Sie klingt zögerlich, gedehnt, nimmt die Entlastung nur halbherzig an. Ich spüre wieder die Enge. Ich denke: Das ist nicht die Enge der Lebensumstände, es ist die Enge der Beziehung zum Kind. Ich will mehr Weite schaffen. Ich sage:

> „Es hat sich ja schon 'rumgesprochen, daß ich selber 'ne sehr anhängliche Mutter bin. Trotzdem war ich früher oft heilfroh, wenn ich die Kinder mal abstellen konnte ..."
>
> Sie sagt: „Mhm."
>
> *Ich spüre: Sie hört besonders aufmerksam zu. Ich mache weiter ...*
>
> „... und ich finde das auch völlig legitim, wenn man mal eine Pause macht. Es gibt ja in jeder Epoche so spezielle Müttermythen. Und jetzt gerade haben wir den Mythos, das sich Mütter den ganzen Tag um ihre Kinder rumwickeln müssen, daß man an jedem Babypups riechen muß ..."
>
> Sie lacht.
>
> Ich frage: „Was meinst du, wie das für deinen Mann wäre, wenn er dich jetzt so lachen hören würde?"
>
> Sie sagt sehr sanft: „Schön."
>
> Ich frage: „Brauchst du noch mehr Bilder von mir? Hast du eine Ahnung, in welche Richtung du dich weiterbewegen kannst?"
>
> Sie sagt: „Ich glaub', ich weiß, was du meinst."
>
> *Wir verabschieden uns voneinander.*

Rolf Reinlaßöder: Mir war klar: Mit einem Kind wird alles anders. Soll ich mich darauf tatsächlich einlassen, obwohl die Zweisamkeit mit meiner Partnerin doch eigentlich so 'ne wunderbare Sache ist? Soll ich nicht doch noch ein bißchen warten? Was verändert sich tatsächlich alles? Wie geh' ich dann später mit der völlig neuen Situation um? Pack' ich es überhaupt, ein Kind großzuziehen? Wie soll ich mich entscheiden?
    Bevor unsere erste Tochter auf die Welt kam, da war ich hin- und hergerissen. War das nur bei mir so, daß ich da ein so gespaltenes Verhältnis dazu hatte, daß ich auch Angst davor hatte? Oder ist das ganz normal?

Brigitte Lämmle: Ich kann dich beruhigen: Dieses *„Ja, ich will ein Kind"* und zugleich *„Nein, ich will es doch nicht"*, diese Ambivalenz, die ist völlig normal. Ich kenne kein Kind, das bewußt gezeugt wurde, ohne daß bei den Eltern nicht auch ambivalente Gefühle da waren.

Selbst wenn einer sagt *„Ja, hundertprozentig klar, ich will ein Kind"*, dann gibt es trotzdem immer auch die Seite, die sagt: *„Ich will aber auch nicht"*. Die ist manchmal nicht sofort zu erkennen, aber glaub' mir: Sie ist da. Vielleicht ist diese Seite sogar mit Angst verknüpft. Angst hat ja ganz unterschiedliche Gestalten. Vielleicht ganz konkrete Angst: *„Was verändert sich in meinem Leben?"* Oder die Angst hängt sich an ganz andere Inhalte fest, an viel unkonkretere. Da entstehen dann so verschwommene Ängste ums Kind. Angst, daß es irgendwie nicht gesund zur Welt kommt. Das mag jetzt verrückt klingen, aber auch darin kann die *ablehnende* Seite ihren Ausdruck finden.

Rolf Reinlaßöder: Wenn dieses Hin- und Hergerissensein dazugehört, wann kann sich ein Paar dann überhaupt sicher sein: So, jetzt sind wir so weit, jetzt wäre es richtig, wenn ein Kind kommt?

Brigitte Lämmle: (lacht) Du glaubst doch wohl nicht ernsthaft, daß ich jetzt hier Millionen Paaren die Verantwortung dafür abnehme könnte, ob sie ein Kind in die Welt setzen, und auch noch empfehle, wie sie es timen sollen.

Ich versuch', dir mal auf einem anderen Weg entgegenzukommen: Ich bin felsenfest davon überzeugt, daß in vielen Beziehungen das Kind genau zu der Zeit kommt, in der die Beziehung auseinanderdriftet.

Rolf Reinlaßöder: Ein Kind kommt, damit die Beziehung nicht zerbricht? Das Kind als Beziehungskitt?

Brigitte Lämmle: Als Kitt. Ganz oft. Es traut sich zwar keiner mehr bewußt zu sagen: *„Ich möchte jetzt ein Kind, vielleicht rettet das unsere Ehe."* Dazu ist wahrscheinlich auch schon zu viel darüber geschrieben worden. Aber unbewußt ist die Sehnsucht nach einem Kind ganz häufig auch mit der Hoffnung verbunden: *„Dann wird es auch mit uns wieder gut."*

Das heißt, wir Therapeuten sehen ganz oft, daß der Zeitpunkt der Zeugung eines Kindes in eine Phase der Beziehung fällt, die wir Umerziehungsphase nennen. Anfangs ist ja alles in der Beziehung wundervoll, das Gefühl *„Himmelhoch jauchzend ..."*

Rolf Reinlaßöder: ... rosarote Brille, traumhafte Nächte, aufregender Sex ...

Brigitte Lämmle: Ja, all das. Wenn dann Gewitterwolken aufziehen, dann sagt man: „Wieso? Du hast mir doch vorhin den himmelblauen Himmel versprochen. Wieso sind jetzt die Gewitterwolken da? Du bist schuld. Sei doch wieder so wie am Anfang!" Das ist in der Regel eine Phase, in der diese Form der Sehnsucht nach einem Kind auftaucht: „Ja, wenn etwas von uns beiden da wäre ..." Die Hoffnung, daß sich in einem Kind auch das Zusammensein manifestiert, daß es sozusagen zu einem Symbol für „Du und Ich" wird.

Rolf Reinlaßöder: Mit der verborgenen Hoffnung, daß sich mit einem Kind die Gewitterwolken verziehen und nur noch die pralle Sonne strahlt. Nur: Wenn ein Kind kommt, dann passiert es ganz schnell: Ene, mene, miste – es rappelt in der Kiste. Nämlich in der Beziehungskiste des Paares. Bei vielen schlägt so ein Kind dort wie ein regelrechter Sprengsatz ein.

Brigitte Lämmle: Verblüfft dich das?

Rolf Reinlaßöder: Ehrlich gesagt schon. Die beiden haben sich doch auf ihr Kind gefreut. Und die haben sich doch auch schon während der Schwangerschaft überlegt, wie sie mit dem Geld klarkommen, haben vielleicht das Kinderzimmer eingerichtet, gemeinsam den Kinderwagen ausgesucht. Der Mann war mit bei der Schwangerschaftsgymnastik ...

Brigitte Lämmle: ... sie haben fast alles zu zweit gemacht. Damit haben sie als Paar eine enge Koalition geschlossen. Doch dann gibt es plötzlich einen dritten Menschen im Bunde: das Baby. Und damit sind die beiden nicht mehr nur Paar. Da gibt es nicht mehr nur die Spielwiese zu zweit. Da gibt's auf einmal zwei Ebenen: die als Paar und die als Eltern. Und es gibt eine Schiene Vater – Kind und eine Schiene Mutter – Kind. Wer schließt jetzt mit wem eine Koalition, wer wird vielleicht ausgesperrt? Mutter und Kind gegen den Vater? Vater und Kind contra Mutter? *Das* macht oft einen großen Teil des Sprengsatzes aus.

Rolf Reinlaßöder: Es ist aber doch völlig normal: Die Koalition, die Bindung zwischen der Mutter und dem Kind zum Beispiel. Ein Mann kann eben nicht stillen. Da muß doch die Koalition zwischen Mutter und Kind stärker sein als die zwischen Vater und Kind.

Brigitte Lämmle: Das ist richtig, und ich geb' dieser völlig normalen sehr engen Koalition Mutter-Kind auch prinzipiell eine Phase von neun Monaten. Solange, wie die Schwangerschaft gedauert hat, solange dauert es nämlich auch danach noch mal, bis sich die nicht sichtbare Nabelschnur zwischen Mutter und Kind zurückgebildet hat.

Nur: Auch in *der* Zeit kann die Frau bereits wieder mit ihrem Mann flirten, kann sich trotz symbolischer Nabelschnur öfter mal für einen Abend von ihrem Baby „abnabeln" und wieder mit ihrem Partner was Schönes unternehmen. Und es steht ja auch nirgends geschrieben, daß der Mann nicht auch mal ran darf – ans Baby und an sie. Oder daß er sich nicht zum Fachmann für Babynahrung entwickeln darf. Wenn es so läuft, ist der Grundstein gelegt, daß diese Koalition wieder offen wird.

Das ist für viele nicht so leicht umzusetzen, wie es sich anhört. Denn dafür müssen sie nämlich auch die Selbständigkeitstendenzen beim Baby stützen. Sprich: Sie müssen anfangen, es loszulassen. Wenn das nicht klappt, kann das auch noch andere Folgen haben: Zum Beispiel schläft das Kind nach neun Monaten nicht durch, oder es kann kein anderer außer der Mutter die Nachtversorgung übernehmen.

Jetzt kommt das große Aber: Es kann nämlich auch in die entgegengesetzte Richtung laufen: Die junge Mutter läßt diese Nabelschnur ganz hart und dick werden. Das läuft oft ganz unbewußt. Der Papa findet keine Möglichkeit, die am Anfang möglicherweise noch kleine Hürde zu überspringen. Mama kettet das Kind unnötig eng an sich, Mama versucht erst gar nicht mehr, auf die Spielwiese der Partnerschaft zu klettern. Dadurch entsteht eine ganz starre Verbindung zwischen ihr und dem Kind – mit einer Riesen-Distanz zum Partner. Eine *rigide Koalition* nennen wir das auf Psychochinesisch.

Rolf Reinlaßöder: Die Mutter leidet unter dem Ausschluß, fühlt sich im Stich gelassen. Der Mann fühlt sich vernachlässigt, außen vor. Er leidet mehr als biologisch nötig, daß nicht nur ein großer Teil der Liebe und Zuneigung, der Zärtlichkeit, ja auch des Bemutterns, sondern alles davon jetzt dem gemeinsamen Kind zukommt. Der steht morgens vor der Arbeit auf, stellt sich an den Wickeltisch, will auch sein Baby versorgen. Und was passiert? Da reißt ihm die Frau nach ein paar Sekunden die Pampers mit diesem „So-blöd-wie-du-kann-sich-auch-nur-ein-Mann-anstellen"- Blick aus der Hand, und er denkt: *„Verdammt noch mal, was war das letzte Jahr ohne das Kind noch alles easy."*

Brigitte Lämmle: Damals hatten die beiden ja auch nur die Paarebene, jetzt entstehen neue Beziehungen zwischen ihnen als Eltern. Die beiden leben gleichzeitig auf der Paar- und auf der Elternebene. Wie gehen sie damit um? Wie ziehen sie – meist unausgesprochen – welche Linien, wie flexibel sind sie?

Stell Dir das wie ein Haus vor: Erst wohnen da zwei ganz alleine drin, jetzt ist ein Dritter eingezogen. Oft ist dann unklar, wie die Räume aufgeteilt sind. Wer wohnt wo, wo sind Türen offen, wo hängt an einer Tür das Schild einer rigiden Koalition, auf dem dann steht: Zutritt verboten?

Rolf Reinlaßöder: Das Familienhaus. Das Bild gefällt mir. In den ersten Monaten nach der Geburt bleibt bei vielen jungen Eltern das Paarzimmer leer. Da läuft auch im Bett selten noch was ...

Brigitte Lämmle: (lacht) ... was ja überhaupt nicht sein muß. Oft ist es nur eine Frage des Timings. Klar, wenn die Mutter gerade unten im Kinderzimmer stillt, geht's nicht. Aber das dauert ja keine Stunden. Also ich denke, ein erwachsener Mann und eine erwachsene Frau können es ja auch ein bißchen herauszögern, ein bißchen warten. Das soll sogar die Spannung erhöhen ...

Rolf Reinlaßöder: Mütter, höret Lämmles Worte! *(lacht).*

OK, wo waren wir? Ja, im Familienhaus. Und da werden gerade die Zimmer verteilt. Zwei haben wir ja schon: Das Kinderzimmer und das Paarzimmer. Im Paarzimmer läuft also das, was früher auch schon so gut geklappt hat. Das tolle gemeinsame Tanzen, die gemeinsamen Urlaube in Südfrankreich. Alles das, was uns als Paar gutgetan hat und guttut. Die verbindenden Gemeinsamkeiten. Was braucht unsere Villa noch?

Brigitte Lämmle: Auf jeden Fall ein Elternzimmer. Dort stimmen sich Mutter und Vater im Schulterschluß bei der Erziehung ab. Das heißt nicht, daß sie immer einer Meinung sein müssen. Dort wird besprochen, was die Kinder betrifft. Dort treffen Mutter und Vater die Entscheidungen. Dort einigen sich die beiden, wie sie mit dem Kind umgehen – ohne Beteiligung der Kinder! Tür zu!

Rolf Reinlaßöder: Und ein Wohnzimmer, in dem alle rumspringen dürfen, brauchen wir auch.

Brigitte Lämmle: Nicht nur das. Auch die Frau braucht ein eigenes Zimmer für ihre Kreativität, ihre Wünsche. Und der Mann braucht eines. Wo er sein Eigenleben führt, wo er seinen Sport hat, seinen Angelclub oder sonst was.

Rolf Reinlaßöder: Wir haben ja beide keine Rollenklischees im Kopf ... *(lacht).* Aber trotzdem: Das leuchtet ein. In einer Familie braucht also – um in dem Bild vom Haus zu bleiben – nicht nur jedes Familienmitglied einen Raum für sich, sondern auch noch die Ebenen Paar und Eltern.

Aber trotzdem kann's drunter und drüber gehen. Besonders dann, wenn die Kinder versuchen, Papa und Mama gegeneinander auszuspielen. Wie kann man dafür sorgen, daß das nicht passiert?

Brigitte Lämmle: Indem sich die Eltern bewußt nicht gegenseitig in den Rücken fallen. Meinungsverschiedenheiten in der Erziehung sollten nicht in Anwesenheit der Kinder ausgetragen werden! Die gehören ins Elternzimmer. *Da* stimmen sich die Eltern ab. *Da* wird der Schulterschluß gesucht. Es ist gut, wenn die Eltern dort absprechen, wie sie dem Kind eindeutige Botschaften, klar definierte Grenzen mitgeben.

Mal ein Beispiel, wie es oft im Alltag läuft – du kennst das bestimmt auch von deinen Kindern:

„Mama, ich möchte heute abend gerne länger wegbleiben." Mutter: „Ja, ist in Ordnung." „Was?" sagt dann der Papa „ich hab's gerade verboten."

Rolf Reinlaßöder: In die Falle getappt. Ausgetrickst!

Brigitte Lämmle: Schlecht! Bei nächster Gelegenheit: Mutter und Vater ins Elternzimmer, Türe zu und die Feinabstimmung vornehmen.

Beim zweiten Mal sagst du dann wahrscheinlich bei gleicher Gelegenheit: „Hast du mit dem Papa geredet, hast du ihn denn schon gefragt?"

Rolf Reinlaßöder: Das setzt aber voraus, daß sich beide Elternteile auch die Verantwortung zutrauen und nicht der eine meint, daß der andere da inkompetent ist.

Brigitte Lämmle: Genau. Dann haben *beide* den Erziehungsauftrag. Wenn das gelebt wird, dann traut jeder dem anderen wirklich zu, daß er als Mutter oder Vater auch kompetent entscheidet. Dann wird dem Kind auch vermittelt: Du kannst deine Eltern nicht gegeneinander ausspielen – selbst wenn sie unterschiedlicher Meinung sind.

Das soll aber nicht heißen, daß jetzt Mutter und Vater genau gleich mit dem Kind umgehen. Wenn die Mutter gerne mit dem Kind rumalbert, muß das der Vater nicht kopieren. Wenn der Vater Spaß hat, gemeinsam mit seinem Töchterchen zu basteln: Prima! Das heißt aber nicht: Mutter, jetzt mußt du mit deinen zwei linken Händen auch die Laubsäge rauskramen.

Rolf Reinlaßöder Gut, und was geschieht, wenn draußen Oma und Opa klingeln?

Brigitte Lämmle: Das ist schon mal gut, wenn sie klingeln müssen und nicht einfach so rein können ins neue Familienhaus.

Rolf Reinlaßöder: Bei der klaren Abgrenzung als junge Familie gegenüber den Alten tun sich viele schwer.

Brigitte Lämmle: Es ist ja auch nicht immer leicht. Aber in dem Punkt Klarheit zu finden, ist genauso wichtig, wie die Grenzen *innerhalb* der neuen Familie zu definieren. Die Ordnung muß stimmen. Es ist zwar das gute Recht der Großeltern, Anteil zu nehmen und das Enkelkind zu knuddeln, es ist aber auch das gute Recht der jungen Eltern zu sagen: „Jetzt paßt es uns gerade nicht". Und letztendlich auch: „Bis hierhin und nicht weiter!" Flexible Grenzen sind das Idealbild – auch für die jungen Eltern. Dann können die nämlich auch mal zu Oma und Opa sagen: „Kannst du das mal für mich übernehmen?"

Aber: Wie oft erlebe ich, daß über Jahre und Jahrzehnte nur so eine Pendeltür zwischen den Großeltern und der Mutter oder den Großeltern und dem Vater steht. Dadurch sind Grenzen nicht klar definiert, sind verschwommen, und dadurch entstehen in dem System Familie zum Teil gravierende Störungen.

Die Auseinandersetzung mit der Elterngeneration ist ein ganz großer Knackpunkt, wenn ein Kind auf die Welt gekommen ist. Da ist zum einen das, was jetzt im Moment geklärt werden muß: Wie weit lasse ich sie rein in das neue System, wo grenze ich ab? Zum anderen spielen da aber auch Dinge aus der Vergangenheit rein, aus meiner *eigenen* Kindheit. Also Fragen wie: Wie integriere ich das, was ich selbst damals als Kind an Botschaften von *meinem* Vater, von *meiner* Mutter bekommen habe, jetzt in meine neue Rolle als Vater oder Mutter?

Rolf Reinlaßöder: Laß uns noch einen Moment bei der Abgrenzung zu den Großeltern bleiben. Mal ganz praktisch: Was macht ein junges Paar, wenn die Großeltern nun doch einen Schlüssel zur Wohnung haben und jederzeit reinkommen können?

Brigitte Lämmle: Meiner Meinung nach macht es einen Granatenfehler. Überleg Dir mal, was das bedeutet! Die können jederzeit reinkommen! Damit schafft man eine dauerhafte Durchlässigkeit im System. Und es ist gar nicht so leicht, dann die Grenzen wieder klar zu definieren. Den Schlüssel zurückfordern? Wer das kann – in Ordnung.

Gut, es gibt auch andere Möglichkeiten: Ein ganz einfaches Symbol, die Großeltern erschreckt wieder rauszubekommen, ist so ein Schild an der Tür „Sind gerade beim Vögeln" oder einfach abwarten, bis sich der Schlüssel im Schloß dreht. Wenn die Tür dann aufgeht, springt die junge Frau im schwarzen Spitzenslip aus dem Zimmer: „Huuch, seid ihr da?". Dann gibt's zumindest wieder so eine Schamgrenze. Die Großeltern werden dann wahrscheinlich so schnell nicht mehr ohne Vorankündigung hereinmarschieren.

Aber laß uns jetzt doch mal zum nächsten Gedanken gehen: Gerade wie ich mit dieser Abgrenzung umgehe, wie flexibel solche Begegnungen zwischen Eltern und Großeltern sind, das ist ein ganz deutliches Zeichen dafür, wie die Geister der früheren Zeit in diesem Paar mitwirken.

Rolf Reinlaßöder: Die Geister der früheren Zeit sind die Botschaften, die ich als Mutter oder Vater oft ohne zu wissen wieder an meine eigenen Kinder weitergebe?

Brigitte Lämmle: Es sind quasi die guten und die schlechten Schatten, die die Eltern werfen, und die uns immer wieder einholen. Unbewußte Botschaften. Es sind sowohl die Ressourcen, aus denen wir Kraft schöpfen, als auch die Fallstricke, in die wir verstrickt sind. Die Tatsache, daß ein Kind auf die Welt gekommen ist, provoziert geradezu, daß man sich wieder mit den eigenen Eltern auseinandersetzt.

Rolf Reinlaßöder: Oft macht man ja genau dieselben Fehler wieder, die einen schon bei den eigenen Eltern so genervt haben.

Brigitte Lämmle: Wobei das ja immerhin noch den Vorteil hat, daß man sie gleich erkennt. Oft werden solche Sachen aber auf einem versteckteren und verschlungenerem Weg weitergegeben. Ich erzähl' mal ein Beispiel. Da muß ich aber ziemlich ausholen.

Rolf Reinlaßöder: Nur zu.

Brigitte Lämmle: Also: Zu mir in die Praxis kommt eine Familie: Vater, Mutter, 12jährige Tochter. Der Grund: Die Tochter packt's in der Schule nicht – Leistungsverweigerung. Das Witzige da dran ist aber: Die Tochter strengt sich unheimlich an, Fehler zu machen.

Rolf Reinlaßöder: Die ist also nicht blöd?

Brigitte Lämmle: Ganz im Gegenteil. Die erfindet in ihren Mathematikarbeiten extra ganz neue Formeln, nur um richtig gute Fehler machen zu können. Hochkreativ! Dabei schien in der Familie sonst alles im Lot zu sein: Die Paarebene, die Elternebene, das gesamte Familienbild – eigentlich paßte alles. Ich war selbst ziemlich ratlos. Ich habe mir dann die Familiengeschichten der Eltern genauer angeschaut. Und auf der Mutterseite kam raus: Da gab es bei den Frauen ganz viele, die gescheitert waren: Die Schwester, die Tante, ihre eigene Mutter.

Das war ein ganz wichtiger Punkt. Die Mutter dieses 12jährigen Mädchens hatte als Kind angefangen, sich um ihre eigene Mutter zu kümmern: „Arme Mama, hast soviel Mißerfolg, aber wir beide kriegen das schon hin!" Dieses Schützenwollen vor Mißerfolg wird als eine ganz tiefe Form von Zuneigung mitgenommen.

Rolf Reinlaßöder: Eigentlich haben sich hier ja die Rollen vertauscht. Kind schützt Mutter statt umgekehrt.

Brigitte Lämmle: Genau, aber das ist noch mal eine andere Geschichte. Übernahme nennen wir das.

Aber laß mich weitermachen: Sie nimmt diesen Zusammenhang von Liebe und Vor-Mißerfolg-schützen-Wollen mit.

Nun hat sie selbst eine Tochter. Die liebt sie tief und innig. Und jetzt passiert das Verrückte: Mutter und Tochter fangen an, Hand in Hand zusammenzuarbeiten. Die Tochter beginnt, mit ganz viel Mühe, Mißerfolg zu produzieren, damit die Liebe der Mutter weiterfließen kann. Und zwar in der Form, wie sie es mit ihrer eigenen Mutter schon geübt hat: Das Beschützen vor Mißerfolg als Form der Liebe.

Rolf Reinlaßöder: Hat die Mutter denn nicht auch einfach Angst, daß die Tochter scheitert – wenn sie das aus ihrer Ursprungsfamilie so gut kennt?

Brigitte Lämmle: Freilich. Das ist genauso da. Das sind ganz gemischte Gefühle. Nur von daher kannst Du keine Veränderung herstellen.

Rolf Reinlaßöder: Von wo aus dann?

Brigitte Lämmle: Erst mal mußten wir rauskriegen: Wo hat dieses Beschützen-vor-Mißerfolg seinen eigentlichen Platz? Daß das zwischen der Mutter und *deren* Mutter gelaufen ist, kam ja erst im Lauf der Therapie raus. Allein dadurch, daß das dann nicht mehr auf die Tochter gerichtet war, konnte die Mutter eine neue Haltung von Vertrauen gegenüber der Tochter entwickeln. Sie konnte erkennen: Das Versagen gehört zu meiner Mutter, zu meiner Schwester, zu meiner Tante – aber nicht zu meiner Tochter.

Das eigentliche Symptom ist einfach verpufft. Mutter und Tochter brauchen die Leistungsverweigerung nämlich nicht mehr, um ihre Beziehung aufrecht zu erhalten. Das übernimmt jetzt das Vertrauen.

Rolf Reinlaßöder: Da läuft ja ganz schön viel durcheinander.

Brigitte Lämmle: Richtig. Und eine der Stellen, wo das am häufigsten durcheinandergerät, ist da, wo versteckte Botschaften auftauchen, die sagen: „Mach du, Kind, mich Vater, oder mich, Mutter, glücklich."

Rolf Reinlaßöder: Du bist verantwortlich für das Elternglück!

Brigitte Lämmle: Ja, und überleg' mal, was dieses Kind später mal seinen eigenen Kindern an Botschaften weitergeben wird ...

Und dabei gibt es noch sehr viel tragischere Botschaften. In Familien, die durch Sucht gekennzeichnet sind, zum Beispiel; in Familien, die durch Scham gekennzeichnet sind ...

Rolf Reinlaßöder: Sexueller Mißbrauch – der zieht sich ja auch oft über Generationen hin.

Jetzt laß uns aber doch noch mal auf die Sonnenseite wechseln.

Gehen wir mal zu einer Familie, in der alles einigermaßen gut läuft. Die ein Kind hat und bei der jetzt ein Geschwisterchen kommt. Neue Koalitionsmöglichkeiten, neuer Wirbel. Da ist für das erste Kind ein Konkurrent da. Die Eltern haben Sorge, daß sich das erste Kind vielleicht vernachlässigt fühlt.

Brigitte Lämmle: Dahinter steckt eigentlich die Sorge von uns Eltern: Können wir dieses zweite Kind genauso lieben wie unser erstes Kind? Und dann schwören wir: Wir lieben dieses zweite Kind genauso.

Laß mich an dieser Stelle ganz pragmatisch sein: Stell dir mal vor: Das zweite Kind kommt anderthalb Jahre, nachdem das erste Kind auf der Welt ist. Dieses erste Kind hat diesen Riesen-Fundus von anderthalb Jahren Liebe und Zuwendung!

Rolf Reinlaßöder: Jetzt wollen aber beide was davon. Ich kann doch dem zweiten Kind überhaupt nicht dieselbe konzentrierte Kraft geben wie dem ersten, denn das erste braucht ja auch noch was von mir.

Brigitte Lämmle: Aber das erste Kind hat anderthalb Jahre diese Liebe und Zuwendung ausschließlich gehabt. Und das zweite Kind hat jetzt wahrscheinlich viel ruhigere, entspanntere Eltern. Die kriegen keine Panik mehr, wenn es mal losschreit. Die gehen mit ihm gelassener um. Und es hat etwas, was das erste Kind die anderthalb Jahre nicht hatte: Es hat die Zuwendung, die Liebe und den Schutz eines größeren Bruders oder einer größeren Schwester. Sicher gibt es auch immer wieder Eifersucht unter den Geschwistern, aber ich erlebe unglaublich oft, welchen enormen Stellenwert diese Geschwisterliebe darstellt.

Rolf Reinlaßöder: Geschwisterliebe? Da läuft später Klein-Astrid mit dem Hammer in der Hand brüllend durch die Wohnung: „Den Hermann, den erschlag ich!"

Brigitte Lämmle: Eifersucht und Auseinandersetzung gibt's – klar. Nur: So wild muß es ja nicht kommen! Das ist ein vorübergehendes Symptom, bei dem wir auch immer wieder erschreckt sind, daß solche heftigen Emotionen da sind. Für die ist es viel spannender, sich ganz anders voneinander abzugrenzen: Wenn es ein Junge und ein Mädchen sind, dann haben sie den Riesen-Vorteil, daß sie das männliche Gebiet und das weibliche Gebiet besetzen können. Sind es Geschwister von gleichem Geschlecht, siehst du ganz häufig, daß einer zum Beispiel sportlich ist und die andere sagt: *„Sport ist ja das letzte, ich stürz' mich auf Musik."*

Die holen sich so *ihren* Bereich, damit sie die Anerkennung, die Liebe, die Zuneigung bekommen.

Zum Weiterlesen

Kursbuch Kinder
Andrea Ernst, Vera Herbst u.a.
(Verlag Kiepenheuer und Witsch)

• Das „Kursbuch Kinder" ist nicht nur so dick wie ein Lexikon, es steht auch so viel drin, wie man es von einem Nachschlagewerk erwartet: vom Daumenlutschen bis zu den ersten sexuellen Erfahrungen, von der Wahl der Windel, bis zu den kosmetischen Vorbereitungen auf das erste Rendezvous, vom Reiz der Babystimme um drei Uhr nachts, bis zur Abstimmungsniederlage im Familienparlament. Bei einer solchen Fülle von Themen darf man selbstverständlich nicht erwarten, daß jedes einzelne bis in die letzte Tiefe durchleuchtet wird. Trotzdem erhält man zu jedem Bereich die wichtigsten ersten Informationen und häufig weit mehr als das. Die Grundhaltung des Buches ist unaufgeregt pragmatisch und nicht von irgendwelchen „Erziehungsidealen" geprägt.

Familienbande
Brigitte Lämmle, Gabriele Wünsch
(Mosaik Verlag)

- Das Bild vom „Familienhaus" wurde ja auch im letzten Kapitel angedeutet. In diesem Buch wird es von Brigitte Lämmle und Gabriele Wünsch ausgeführt: Das „Familienhaus" hat verschiedene Etagen, mit Zimmern, die für alle gedacht sind, mit solchen, die nur für die Eltern bestimmt, und solchen, die nur für die Kinder da sind. Mit Türen, die diese Zimmer verbinden, und Wänden, die sie voneinander trennen. Damit sind selbstverständlich nicht wirkliche Zimmer gemeint, sondern eher „Räume im Herzen". Brigitte Lämmle macht Vorschläge für liebevolle Ordnungen, wie man sie errichten, erhalten und weiterentwickeln kann und wie sie Familien ermöglichen können, gemeinsam stark zu sein.

Familie sein dagegen sehr
Robin Skynner, John Cleese
(Verlag Junfermann)

- Wer zur tieferen Bedeutung so heikler Themen wie „Liebevolle Ordnungen" und „gemeinsam stark sein in Familien", eher über Scherz, Satire und Ironie findet, wird von „Familie sein dagegen sehr" bestens bedient. Beim Koautoren handelt es sich nämlich um jenen John Cleese, den man aus Filmwerken wie „Das Leben des Brian" oder "Ein Fisch namens Wanda" kennt – ein Hauptvertreter schwärzesten britischen Humors. In diesem Buch outet sich Cleese als Psychotherapieklient. Autor Robin Skynner war sein Therapeut. „Familie sein dagegen sehr" ist ein Interviewbuch – jenem ganz ähnlich, das sie gerade in Händen halten. Es geht ausschließlich ums Thema Familie und darum, was einem berühmten Familientherapeuten auf die Fragen eines begnadeten Komikers einfällt. Komisch – und treffend.

Sucht

GEDÄCHTNISPROTOKOLL BRIGITTE: EIN ANRUF IN „LÄMMLE LIVE"

Rolf moderiert: „Die nächste Anruferin ist 36. Sie hat zwei Kinder. Einen Sohn, zehn Jahre alt, und eine acht Jahre alte Tochter. Sie sagt, mit dem Sohn wird sie nicht mehr fertig. Neulich hat er sogar eine Telefonzelle demoliert. Sie fragt: Soll ich ihn weggeben?"

Ich speichere: „Weggeben …". Ich frage:

„Wie ist das denn passiert?"

Sie sagt: „Es ist unglaublich. Vor ein paar Tagen ist er abends um sieben aus dem Haus gegangen, mit einem Schraubenzieher und einem Hammer. Eine Nachbarin hat dann beobachtet, wie er an einer Telefonzelle ganz seelenruhig eine Scheibe nach der anderen eingeschlagen hat. Zum Schluß ist er noch hingegangen und hat mit dem Schraubenzieher die Wählscheibe rausgehebelt …"

Sie wirkt sehr präzise. Fast als würde sie einen Fall aus den Akten vorlesen. Diese Distanz! Ich frage mich: Hat sie ihn innerlich schon weggegeben? Da wird jemand ausgestoßen. Meine Assoziation: Wie man Säufer ausstößt, wenn es nicht mehr anders geht. In mir entsteht ein Bild: Ein Eisenring um die Brust dieser Frau. Um ihn zu sprengen, brauche ich ein drastisches Mittel: Überrumpelung. Ich frage:

„Ist der Vater Alkoholiker?"

Sie sagt: „Ja."

Ich spüre, wie erstaunt sie ist. Jetzt ist sie beteiligt, nicht mehr distanziert. Ich frage:

„Wie stehen Vater und Sohn zueinander?"

Sie sagt: „Der Vater ist nicht mehr im Haus. Wir sind seit drei Jahren geschieden. Er hat versprochen, sich um die Kinder zu kümmern, aber er hält sich nicht dran."

Ich denke laut:

„Wenn ich mich in deinen Sohn reinversetze, dann bin ich mit sieben von meinem Vater verlassen worden. Ich erinnere mich an einen starken, liebevollen Vater und an einen unberechenbaren Vater. Beides paßt für mich nicht zusammen, und vor allem: Ich kann mir als Kind den Zwiespalt nicht erklären, weil ich „Alkohol" nicht verstehe. Und vor allem quälen mich Fragen: Warum bist du gegangen? Hast du mich nicht mehr lieb? Bin ich Schuld, daß du gegangen bist? Mit diesen Fragen sitze ich da. Ich bin hilflos. Ich brauche aber dringend Hilfe, um das zu bewältigen. Irgendwie muß ich als Kind meine Not ausdrücken. Und ich drücke sie Schlag um Schlag mit meinem Kaputtmachen aus, so wie mein Vater *seine* Not Schluck um Schluck in seinem Saufen ausgedrückt hat."

Sie sagt: „Das ist doch nicht meine Schuld!"

Heftige Reaktion. Ich spüre: Das ist Angstbeißen. Ich will ihr etwas gegen die Angst geben. Ich gehe einen Schritt auf sie zu. Ich sage:

„Nun hast du erst das Leben mit einem Alkoholiker durchstehen müssen, dann die Trennung von ihm, dann randaliert dein Sohn, und jetzt komm ich auch noch und schwing' mich zu seinem Anwalt auf …"

Sie sagt: „Genau!"

Ich spüre: Wir sind wieder auf der gleichen Seite. Jetzt kann ich ihr sagen:

„Du hast schon so viel geschafft, den nächsten Schritt wirst du auch schaffen. Ich kann mir als nächsten Schritt vorstellen: Du gehst gemeinsam mit deinem Sohn in eine Beratungsstelle. Ihr könnt gemeinsam daran arbeiten, die Perspektivelosigkeit zum Verschwinden zu bringen. Dann wird auch das Kaputtmachen verschwinden.

Rolf Reinlaßöder: Bei dem Thema habe ich – glaub' ich – ganz schlechte Karten. Denn ich hab' dieselbe Sucht wie 18 Millionen Deutsche: Ich rauche, und das ziemlich heftig. Brigitte, du kennst das ja von den Fernsehsendungen, wenn ich ein paar Minuten vorher noch mal schnell raus muß, um mir noch eine Zigarrette reinzuziehen.

Aber wenn ich hier schon so auspacke und aus dem Nähkästchen plaudere: Wie sieht es denn bei dir aus – mal ehrlich? Bis heute bist du noch nicht damit herausgerückt, was für eine Sucht du hast. Oder hat eine Psychotherapeutin so was nicht?

Brigitte Lämmle: (lacht) Das fängt ja schon gut an! Doch, ich geb's zu: Ich hab auch eine Sucht: Ich bin arbeitssüchtig.

Rolf Reinlaßöder: Da hast du dir aber die bessere Karte gezogen. Findest du das fair? Wie stehe ich denn jetzt da? Ich erzähle von meiner Nikotinsucht und du kommst mit Arbeitssucht. Da ziehen viele Leute bei uns doch sogar den Hut vor. „Aah, die ist fleißig, die arbeitet viel." Wenn bei uns einer sagt: „Ich bin arbeitssüchtig", dann ist das ja fast ein Positiv–Etikett.

Brigitte Lämmle: Nee, seh' ich nicht so. Ich meine, man muß sich fragen: Was macht die Sucht so schädlich? Wo ist der Unterschied zwischen „ich arbeite gerne" und „ich krieg' den Drive wirklich nur noch über die Arbeit her". Das ist entscheidend. Viel arbeiten heißt nicht automatisch, auch süchtig nach Arbeit zu sein.

Bei mir merk' ich, daß ich nicht mehr nur viel arbeite, sondern daß sich da wieder die Arbeitssucht meldet, einfach körperlich. Und zwar, wenn schon diese linke Herzseite weh tut, wenn ich mich im Bett rumwälze, die Schlaflosigkeit zunimmt, also wenn wirklich körperliche Symptome erscheinen, dann weiß ich: Du schaffst das nicht mehr. Ich merke: Ich kriege es nicht mehr auf die Reihe, das zu tun, was ein gesundes Leben ausmacht: Den *Ausgleich* zwischen den beiden Dingen: Auf der einen Seite den Streß und auf der anderen Seite die Entspannung. Nur wenn das da ist, kann ich auf 'ne gesunde Art und Weise etwas Gutes tun.

Rolf Reinlaßöder: Ist Sucht eine Krankheit? Hilft so eine Etikettierung?

Brigitte Lämmle: Kranksein ist für mich ein Begriff, der den Betroffenen ziemlich belastet. Überleg' dir doch mal, wie unser ganzes System aufgebaut ist: Ärzte betreuen Kranke, Kranke werden über Krankenkassen finanziert, an der Krankheit verdient bei uns doch eine ganze Industrie. Die brauchen doch alle die Kranken. Eigentlich sind die alle Mitsüchtige, Kosüchtige, weil sie nämlich an der Sucht, der sie das Etikett „Krankheit" umhängen, teilhaben und auch ordentlich verdienen.

Statt mit dem Begriff „Krankheit" arbeite ich viel lieber mit dem Begriff *Suchtverhalten*.

Bei Süchten geht es nämlich um eine *Haltung*, die mir bereits als Kind sozusagen angedient worden ist. Diese spezielle Haltung ist später in einer Streßsituation dann abrufbar. Nimm die Pubertät – die stellt für Jugendliche ja einen enormen Streß dar: In dieser Streßsituation wird dann eine spezielle Haltung abrufbar. Und die süchtige Haltung bedeutet: Ich habe kein Konfliktmanagement, sondern greife schon jetzt nach einer *Scheinlösung*. Magersucht beginnt oft schon bei Neunjährigen, ein guter Alkoholiker fängt zum Beispiel so mit 14 Jahren schon an …

Rolf Reinlaßöder: … oder noch früher. Schon in der siebten, achten Klasse triffst du Schüler, die Tag für Tag bis zu einem Gramm Alkohol zu sich nehmen. Das ist gar nichts Außergewöhnliches mehr. Ist Sucht das, was man nicht mehr lassen kann?

Brigitte Lämmle: Abhängig sein, ja. Und diese Abhängigkeit steht für ein psychisches Erleben. Vielleicht kann ich es mit so einem Begriff wie ‚Freund' erklären. Laß es mich mal am Beispiel von einem Alkoholiker, der bei mir in Therapie ist, klarmachen:

Nach einer Sitzung geht der zur Tür raus und sagt: „Frau Lämmle! Wunderbar, sie sind überhaupt toll! Jetzt hab' ich endlich begriffen, wofür es sich lohnt, die Sucht aufzugeben, endlich nicht mehr zu trinken." Dann geht er bei mir die Straße entlang – da haben wir einen wunderbaren Kneipier. Der Alkoholiker sieht in diesem Moment seinen wahren Freund, und dieser Freund vermittelt ihm das, was ihm vertraut ist: Wärme, Entspannung, dieses Gefühl, ich fühl' mich akzeptiert. Und dann sagt er sich: „Die Lämmle hat gut reden." Mich hat er dann ganz schnell vergessen und vertraut eigentlich in dem Moment wieder seinem wahren Freund – dem Alkohol.

Und damit haben wir jetzt zwei ganz wichtige Komponenten der Sucht: Die Haltung, die mir als Kind angedient wurde, und den „Freund". Dieser Freund – ob es jetzt Alkohol ist oder was anderes – schafft etwas. Dieser Freund vermittelt mir etwas. Und gerade das macht später die Therapie mit dem Süchtigen wirklich auch haarig. Wenn er seine Sucht überwinden will, dann muß er diesen Freund nämlich irgendwann verabschieden.

Rolf Reinlaßöder: Das habe ich bisher so noch nie gesehen. Dann nutzt es ja kaum was, daß ich mich nur darüber ärgere, daß ich von den Zigaretten nicht loskomme und immer wieder meine Vorsätze aufzuhören über den Haufen schmeiße. Ich müßte mich dann also fragen: „Was bringen die mir und was kann ich stattdessen dafür setzen?"

Brigitte Lämmle: Da liegst du goldrichtig. Wichtig ist erst mal der Gedanke: Sucht ist ein Freund. Denn häufig sagt man doch Süchtigen: „Mensch, nun hör doch mal endlich auf, das ist doch dein *Feind*!" Hilfreicher ist der Gedanke, daß die Sucht für viele einfach auch die Funktion eines Freundes hat. Und wenn es soweit ist, dann kommt auch die Überlegung, was setze ich an seine Stelle?

Rolf Reinlaßöder: Jetzt haben wir auf der einen Seite die Sucht als einen Freund, der mir was gibt, der mir etwas vermittelt und dem ich irgendwann „Tschüß" sagen muß. Das ist eine Komponente. Das mit dem Freund habe ich kapiert. Aber vorhin hast du angerissen, daß Sucht auch etwas mit einer Haltung zu tun hat, die aus der Kindheit herrührt. Kannst du mir das ein bißchen genauer erklären?

Brigitte Lämmle: Ich weiß, das ist nicht ganz leicht nachzuvollziehen. Ich versuche es mal: Stell dir mal bildlich vor: In einer Familie ist ein magersüchtiges Mädchen. Sagen wir mal so elf Jahre. Und dann gibt es den Vater und die Mutter. Du mußt dir vorstellen, die stünden wie in einem Dreieck: Rechts der Vater, links die Mutter und in der Spitze des Dreiecks das Kind. Die Verbindung zwischen Mutter und Vater ist unterbrochen. Ihr Kontakt ist gestört. Sie stellen ihren Kontakt als Paar nur noch über die Linie zur Tochter her. So ist die Konstellation in dieser Sucht–Familie. Und nun denk dir, daß Mutter und Vater ein Seil in der Hand haben. Mit diesem Seil sind die beiden über die Tochter verbunden, und das Seil schließt auch das Kind mit ein. Das Seil steht für das Kommunikationsmuster in dieser Familie.

Rolf Reinlaßöder: Dann können sie ja nur etwas miteinander anfangen, wenn sie quasi über den Kopf des Kindes miteinander reden. Wenn ich mir vorstelle, wie die da stehen, und die Mutter will den Vater angucken, dann kann sie das nur über das Kind. Anders ginge das ja nur, wenn die Eltern das Seil loslassen und sich anders gruppieren würden.

Brigitte Lämmle: Genau. Wenn die beiden – also Mutter und Vater – miteinander kommunizieren, miteinander reden, dann tun sie das nicht direkt, sondern immer über die Tochter.

Rolf Reinlaßöder: Das Kind ist damit das Bindeglied für Mutter und Vater. Klar, wenn das magersüchtig wird, dann wird es als Bindeglied immer stärker, verbindet seine Eltern immer unlösbarer. Die Sucht hat in dieser Konstellation eine stabilisierende Wirkung. Die Magersucht des Kindes bietet den Eltern gleichzeitig immer leichter eine Möglichkeit, gar nicht mehr direkt was miteinander zu tun zu haben, sondern immer nur über ihr süchtiges Töchterchen in Kontakt zu kommen.

Brigitte Lämmle: Bei einem magersüchtigen Kind läuft in der Familie die gesamte Kommunikation von Mutter und Vater nur noch über das Kind. Die schauen nur noch auf ihre Tochter.

Der Abstand zwischen dem Paar ist dann sehr groß, da findet keine Kommunikation mehr zwischen den beiden als Mann und Frau statt. Das heißt, es läuft alles über das: „Wir machen uns Sorgen um unser Kind." Das bedeutet: Der Paarkonflikt, der vielleicht dahintersteht, der wird gar nicht ausgetragen. Vielleicht hat der Mann längst eine Freundin ... oder die Frau will ihrem Mann mal richtig die Meinung sagen. Aber weil sie ja eine Kommunikationshaltung eingenommen haben, die nur noch über das Kind läuft, nehmen die sich als Partner gar nicht mehr wahr.

Das bedeutet: Das Kind hat damit in diesem System eine ganz wichtige Funktion: Es hält mit der Magersucht die Eltern zusammen. Das heißt in unserem Fachchinesisch: Es ist in der Triangulation ...

Rolf Reinlaßöder: ... wie in einem Dreieck zwischen Mutter und Vater verhakt, festgebunden, festzementiert ...

Brigitte Lämmle: ... das heißt aber auch, daß die Magersüchtige in dieser Haltung einen gewissen *Schutz* hat. Vielleicht bewirkt es, daß ihr niemand zu nah auf die Pelle rückt. Vielleicht kann sie sich sagen: „Ich bin auf mich alleine angewiesen, ich beschäftige mich mit mir". Dabei nehme ich zusehends eine Schutzhaltung ein. Und wenn ich mit mir zusammen bin, dann bin ich in meinen Tagträumen, dann ist meine Welt in Ordnung. Damit kann ich mich wirklich schützen.

So haben wir hier wirklich das Bild von einer zweifachen Funktion für die Magersucht. Das Kind wird über das Symptom für die Eltern wichtig. Und gleichzeitig schützt das Symptom auch das Kind.

Rolf Reinlaßöder: Es sind vorwiegend Mädchen, die an Magersucht leiden. Oft verheimlichen sie das vor den Eltern.

Brigitte Lämmle: Es ist eine stille Sucht ...

Rolf Reinlaßöder: ... senden diese Kinder ihren Eltern keine Signale?

Brigitte Lämmle: Doch, das tun sie. Sie werden zart, sie beschäftigen sich sehr mit dem Essen, sie werden mäklige Esser, sie essen vielleicht jeden Mittag nur Tomaten mit Mozzarella, statt an dem Essen teilzunehmen. Der sorgenvolle Blick der Mutter sagt: „Was ist denn?"

Die Periode setzt nicht ein, oder die Periode kommt überhaupt nicht. Dann sagt die Mutter zum Vater – und da läuft dann die Kommunikation wieder über Eck: „Du, ich mach' mir Sorgen um unsere Tochter." Dann sind wir genau wieder bei dem Muster: Die Kommunikation findet über das Symptom statt.

Rolf Reinlaßöder: Dann braucht die Familie in diesem Fall quasi die Magersucht. Also steht die Sucht für etwas, was in diesem System Familie nicht in Ordnung ist. Oder andersherum: Wenn die Familie in Takt wäre, hätte dieses Mädchen keinen Grund, magersüchtig zu werden?

Brigitte Lämmle: Ich glaube, wenn eine Familie nicht im Gleichgewicht ist, stellt sich irgendwann früher oder später über diese Methode – sie machen ja immer wieder dasselbe – ein Verstärker ein.

Aber bei allem muß man sich da vergegenwärtigen: An sich waren da ursprünglich mal drei Menschen zusammen. Und jeder von den dreien wollte es gut machen. Nur haben sie ihre Probleme nicht konstruktiv angepackt, sondern „harmonisch". Das heißt: Sie haben die Probleme unter den Teppich gekehrt, immer wieder. So hat sich dieser Umgang mit Problemen dann mit der Zeit in dieser Familienkonstellation verselbständigt.

Rolf Reinlaßöder: Magersucht als stille Sucht, eher als Sucht der Mädchen. Bei Jungen spielt in der Pubertät eher Alkohol eine größere Rolle. Wieso?

Brigitte Lämmle: Das hat was mit dem sozialen und lauten Auftreten zu tun. Deshalb ist Alkoholabhängigkeit eher eine Jungensucht.

Rolf Reinlaßöder: Dann stell ich mir vor, daß erwachsene Alkoholiker als Kinder möglicherweise besonders laut und rücksichtslos waren.

Brigitte Lämmle: Du wirst dich wundern. Das Gegenteil ist der Fall. Wir beobachten sehr häufig in Familien, in denen später der Erwachsene die Alkoholsucht hat, daß der Süchtige ein Helfer gewesen ist. Der hat sich schon als Kind übermäßig um irgendeinen in der Familie gekümmert. Zum Beispiel um die Mutter.

Der hat sich so sehr um jemanden gekümmert, daß er seine eigenen Bedürfnisse ganz vergessen hat. Der ist so lieb gewesen, daß er gar nicht mehr gespürt hat: Ich hab' eigentlich gar keine Lust, mich jetzt um dich zu kümmern. Dieses „Über–sich–hinaus–etwas–Geben" und eigene Bedürfnisse nicht mehr stillen zu können, stillen Alkoholiker dann mit dem Alkohol.

Alkoholiker sind Menschen, die als Kinder „Sehr, sehr lieb sein" als Haltung angenommen haben. Ich würde schon sagen: überlieb. Das ist das Prinzip, was in der Kindheit angelegt wurde.

Rolf Reinlaßöder: Dieser Mensch, der eigentlich sehr liebevoll, sehr sozial aufgewachsen ist, oder mit dem Auftrag aufgewachsen ist: sei sozial, sei liebevoll ...

Brigitte Lämmle: ... richtig, richtig ...

Rolf Reinlaßöder: ... der wird aber doch nicht Knall auf Fall Alkoholiker und ist von heute auf morgen süchtig. Das ist doch eine ganze Entwicklung. Wie verläuft die?

Brigitte Lämmle: Dieser Mensch, der steigt später mit dem relativ eingeengten Reaktionsmuster in Beziehungen ein: dem andern zu helfen. Weißt du eigentlich, daß Männer, die Alkoholiker sind, unheimlich gewinnend, total liebevoll und verständnisvoll wirken. Zumindest am Anfang. Die sind traumhafte Verführer. Gar nicht so unähnlich einem Heiratsschwindler.

Rolf Reinlaßöder: Gaukeln die den Frauen was vor?

Brigitte Lämmle: Nicht bewußt. Aber da ist häufig in der Anfangsphase ein nonverbales Versprechen. Das wirkt, als wäre da ein

Traummann schlechthin. Nur: Schon bald klaffen diese nonverbalen Versprechen und die Realität auseinander. Dann kommt der Frust, die Hilflosigkeit, wieder der Griff zur Flasche. Die Partnerin, die anfangs toll fand, so einen super-verständnisvollen Mann zu erleben, ganz Softy, verlangt mehr davon. Oder die beiden kommen in eine Streßsituation, in eine Krisensituation, und die ist dann nicht mehr lösbar. Noch mehr Frust, noch mehr Saufen, noch mehr Ohnmacht und Hilflosigkeit. Es kann zu Gewalt kommen – ein Zeichen von Ohnmacht und dieser Hilflosigkeit. Denn dieser Mensch hat in der Streßsituation nur diese Haltung zur Verfügung. Er hat keine anderen Haltungen, um zu reagieren.

Rolf Reinlaßöder: Also greift er dann auf etwas zurück, was ihm in dieser Streßsituation vermeintlich hilft. Und das tut er immer wieder, mit immer mehr Mitteln.

Brigitte Lämmle: Richtig. Wir haben ganz häufig so eine – ja, wie soll man da sagen? Ich nenn' es „Multisuchtkarriere". Alkohol ist bei den Jugendlichen eine Einstiegsdroge, und Rauchen ist eine Einstiegsdroge. Eßstörungen, also körperzentrierte Störungen, sind Einstiegsdrogen bei Mädchen. Eine anständige Suchtkarriere ist ja ausgefuchst: Ich krieg' nachher immer, immer schneller mit, was mir hilft. Ich kann immer präziser hinschauen, was ich brauche.

Rolf Reinlaßöder: Das brauchen aber nicht nur Stoffe wie Alkohol oder Medikamente sein. Es gibt auch Leute, die süchtig nach bestimmten Verhaltensweisen sind: Beziehungssucht ...

Brigitte Lämmle: ... Soziale Süchte. Nimm mal die Beziehungssucht. Wir hatten ja vorhin dieses Kind, das da zwischen Mutter und Vater stand und mit seiner Sucht nicht nur die Eltern zusammenhielt, sondern auch noch durch seine Sucht einen Schutz hatte. Das war wie eingeschnürt. Süchtige nehmen so eine Haltung ein von: „Ich spüre nichts." Und wenn du dir jetzt eine Beziehungssucht vorstellst, dann passiert was mit mir, was schlagartig den Körper aufmacht. Plötzlich spüre ich mich wieder. Dieses: „Oh, kommt er jetzt oder kommt er nicht?"

Rolf Reinlaßöder: Dann ist dieses Gefühl aber doch wieder vorbei, sobald ich einen Menschen gefunden habe, mit dem ich nach den Schmetterlingen im Bauch eine tiefere Beziehung entwickeln könnte.

Brigitte Lämmle: Deshalb gibt es ja in der Beziehungssucht zum Beispiel das Verhalten, immer auf Pferde zu setzen, die schon verheiratet sind. Das gibt dann einen ungeheuren Thrill. „Knack' ich ihn oder nicht? Schaff´ ich es oder nicht?" Und wenn ich es geschafft habe, dann kommt wieder der Absturz, dann ist der Thrill vorbei. Dann gehe ich wieder zusammen. Und dann bin ich aber wieder süchtig auf den nächsten Thrill. Also mache ich weiter. Ich suche mir vielleicht einen Verheirateten, der sogar noch prügelt, dann hab' ich diesen Thrill noch ein bißchen stärker.

Ich möchte das jetzt mal wirklich so hart sagen: Das ist eine sehr ungesunde Art und Weise, sich mit einer Lebendigkeit zu versorgen, die ich auf eine gesunde Art und Weise nicht leben kann.

Rolf Reinlaßöder: Ich versuche mir vorzustellen, ob Süchte was ganz Urmenschliches sind. Meinst du, so ein Neandertaler war vielleicht früher süchtig auf Knochenmark oder Säbelzahntigerfleisch oder auch sexsüchtig? Kannst du dir das vorstellen?

Brigitte Lämmle: Neulich hatte ich bei mir in der Praxis so einen Tag nur mit Leuten mit Suchtproblematiken. Da bin ich abends in die Küche gegangen und habe zu meinem Mann gesagt „Also früher muß das besser gewesen sein". Und dann hat er gesagt: „Hast Du 'ne Ahnung. Die Sehnsucht nach Rausch hat es schon immer gegeben."

Und ich glaube, daß wir hier jetzt auch nicht als strenge Moralisten auftreten sollten und sagen: Wir sind gegen jeden Rausch. Ich becher' mir auch mitunter gerne einen und zisch' mir einen hinter die Binde. Die Sehnsucht nach Rausch begleitet uns alle. Denn er gibt ja eine ganz schnelle Entspannung. Nur: Wenn wir keine anderen Möglichkeiten mehr haben, uns zu entspannen oder uns das zu holen, was wir brauchen, dann würde ich immer davon reden, daß dieser Mensch abgetrennt von seiner Gesundheit ist, und dann muß er wirklich schauen, wie er diese Gesundheit wieder findet.

Rolf Reinlaßöder: Ein Süchtiger steht nicht völlig isoliert in der Welt. Da gibt es die Eltern, die Freunde, Bekannten. Die versuchen zu helfen und schaffen es doch nicht. Was läuft da falsch?

Brigitte Lämmle: Jetzt steig' ich erst mal liebevoll ein. Es ist, glaube ich, wirklich so ein urmenschlicher Zug, dem andern unter die

Arme zu greifen. Und genauso urmenschlich und nachvollziehbar ist es, zu sagen: „Nun hör doch mal mit diesem Mist da auf!" Sollte sich aber diese Haltung so konzentrieren, daß ich mich als „Ko" so verantwortlich dafür fühle ...

Rolf Reinlaßöder: ... Der „Ko" steht für Kompagnon, als Mit–Tragender, Mit–Leidender ...

Brigitte Lämmle: Mitleidender heißt es. Mittlerweile würde ich sagen: Mitsüchtiger. Ich halte alle Kos mittlerweile auch für süchtig.

Rolf Reinlaßöder: Meinst du die Ehefrau an der Seite des Alkoholikers oder die Freundin des Spielsüchtigen?

Brigitte Lämmle: Ja, genau. Ich erlebe das immer wieder in meiner Praxis. Daß der Ko die Sucht des Partners regelrecht braucht.

Ich hatte eine Klientin, die unter Angstzuständen litt – ihr Mann war Alkoholiker und sehr lieb. Die hatte ihren Mann so in den Tagesablauf eingebaut, daß ihre Angst kontrollierbar blieb. Wenn die ihrem Mann ständig sagte: „Mensch, hör' endlich auf zu trinken!" hatte sie auch den Buhmann, den Sündenbock für ihre Angstzustände. Klar, der Alkoholiker wurde so immer mehr in eine Rolle gedrängt, es wurde immer mehr von ihm gefordert – nur, weil die Frau ihn brauchte, um ihre Angstzustände zu kontrollieren – über die Sucht des Mannes. Der wurde dadurch noch mehr geschwächt. Nun passierte etwas Erstaunliches: Von einem Tag auf den anderen hörte der Alkoholiker mit dem Saufen auf. Eine ungeheure Leistung! Und da brach plötzlich das ganze System zusammen. Der war plötzlich stark, seine Sucht konnte nicht mehr als „Angstabwehrer" für die Frau herhalten.

Rolf Reinlaßöder: Wie ging es weiter?

Brigitte Lämmle: Ja, die Frau fing an fremdzugehen. Sie schwächte – unbewußt natürlich – ihren Mann nun auf andere Weise. Mit Tagträumereien über außereheliche Kontakte und solche Sachen. Dahinter steckte das – unbewußte – Ziel: Mann, werde wieder süchtig, 20 Jahre haben unser alten Spiele doch funktioniert.

Rolf Reinlaßöder: Die Frau brauchte also als Ko die Sucht des Süchtigen?

Brigitte Lämmle: Ich sage das ganz hart: Es ist eine Form von Sucht. Es ist eine Beziehungssucht. Denn die Konzentration auf die Sucht des Partners, dieses „Schaff' ich's, schaff' ich es nicht, meinen Partner davon abzubringen?", dieses „Ich bin für dich verantwortlich", das lenkt so von den eigenen Bedürfnissen ab, so von dem eigenen Leben ab, so von dem, was ich machen würde in dem Verhältnis Anspannung und Entspannung, daß ich mich längst verloren habe. Und ich brauche den anderen, um mein Spiel weiterzumachen.

Rolf Reinlaßöder: Gut, es gibt aber dann eine ganze Vielzahl von Verhaltensmöglichkeiten, wenn ich mit einem Süchtigen zusammen bin. Ich kann mir nicht vorstellen, daß du meinst, Schluß machen, Ende, aus, sich zurückziehen.

Brigitte Lämmle: Nein, das mein' ich nicht. Was ich meine: Das Thema muß rausgenommen werden. Man muß wirklich die Beziehung mit dem Süchtigen leben, die noch möglich ist. Wirklich vielleicht sagen: „Ich mag nicht in deinem Bett mit dir schlafen, wenn du nach Alkohol stinkst. Aber ich schlaf mit dir, wenn du clean bist" Oder: „Ich lache mit dir, wenn du clean bist. Ich liebe dich dafür, wie du bist".

Also wirklich eine Beziehung leben und die Flasche oder die Eßstörung wirklich draußen lassen. Auch Forderungen stellen und sagen: „Du, paß mal auf, ich fahre in 14 Tagen zu meiner Freundin, wie siehst du das? " Das bedeutet, sich nicht ständig auf die Sucht zu fixieren und ein Eigenleben zu entwickeln, statt ständig im Kopf zu haben: „Oh Gott, stürzt er jetzt ab oder nicht?". Auch Krach schlagen – also diese ganze lebendige Palette leben.

Rolf Reinlaßöder: Also nicht ignorieren, daß der Süchtige sich wieder besäuft oder die Tabletten reinschmeißt. Sondern klipp und klar sagen: „Das stört mich jetzt."

Brigitte Lämmle: Ganz genau. Das setzt aber voraus – und das ist auch ein ganz günstiger Moment für die Therapie –, daß noch eine ganz schöne Beziehung zwischen denen läuft. Denn alle Süchtigen haben letztendlich die Haltung, den Tod billigend in Kauf zu nehmen. Ich lege deshalb in meinem Therapiezimmer oft symbolisch einen Lebensweg aus, wo am Ende das Symbol ‚Tod' steht. Ob das nachher der wirkliche physische Tod oder aber vorher schon der seelische Tod ist, ist nicht so wichtig. Ich versuche damit klarzumachen, daß ich nämlich keinen Kontakt mehr halten kann. Das steht für beides da.

Und bei einem Paar, bei dem noch Gefühle füreinander da sind, wo soziale Gefühle noch möglich sind, da kann dieses Miteinander auch noch gelebt werden. Aber es gibt auch schon den nächsten Schritt, wo diese sozialen Gefühle überhaupt nicht mehr vorhanden sind. Und dann sieht eine Therapie wirklich so aus, daß der Partner den Süchtigen vor die Wahl stellen muß, Konfrontation: „Entweder du machst was, oder ich trenn' mich von dir."

Rolf Reinlaßöder: Kinder, deren Eltern süchtig sind, entwickeln als Erwachsene häufig auch eine Sucht. Oder sie suchen sich später einen Partner, der süchtig ist.

Brigitte Lämmle: Und sind damit wieder versteckt selber süchtig, nämlich ko–süchtig. Sie haben das in ihrer Kindheit gelernt. Erwachsene, die in ihrer Kindheit mit Sucht gelebt haben, haben wirklich ein schweres Handikap. Sie kennen überhaupt nicht das Beziehungsgeflecht einer gesunden, lebendigen Familie.

Du mußt dir mal vorstellen, was sie da von klein auf erlebt haben: Es wird sehr viel unter einer Geheimnisdecke gehalten. Suchtfamilien – das erlebe ich immer wieder – haben die Tendenz, ein scheinbar normales Leben zu führen. Die leben quasi hinter geschlossenen Gardinen, statt mit ihren Nöten nach außen zu gehen. Und sie sind unberechenbar. Der Papa, den ich inniglich liebe, sagt heute: „Oh, komm, ich kauf' dir die roten Schuhe." Und am nächsten Tag sagt er – unberechenbar in den Gefühlen: „Was, du hast im Diktat nur eine Zwei geschrieben? Es hätte ja auch eine Eins sein können." Also, in dieser Kindheit ist es für ein Kind sehr schwer, sich zu orientieren. Sehr schwer, einen Platz zu finden.

Rolf Reinlaßöder: Sind Süchtige für ihre Umgebung unberechenbar, sind süchtige Eltern für das Kind nicht berechenbar?

Brigitte Lämmle: Nein. Sie stellen nur eine *gewisse* Berechenbarkeit dar. Man weiß: Nach zwei Flaschen ist er so oder so. Das, was für ein Kind unberechenbar ist, ist die Tatsache, daß die Gefühle plötzlich verfärbt sind. Ein trauriger Papa trinkt oder eine traurige Mama trinkt zwei Gläser, und die Traurigkeit ist verschwunden, und ich weiß gar nicht wohin. Das ist für ein Kind unberechenbar. Ein Kind will von Mama und Papa aber ein Muster dafür haben, wie die zum Beispiel mit Traurigkeit umgehen. Sie gehen vielleicht ins Bett, so wie wir, und sagen: „Keiner liebt mich." und ziehen die Decke über den Kopf und morgens geht's wieder. Dann sagt das Kind: „Aha, traurig, aber es gibt einen Weg." Dieses Management erleben Kinder in Suchtfamilien nicht so. Die erleben eben: Mama ist traurig, trinkt und ist nicht mehr traurig.

Rolf Reinlaßöder: Der Horror aller Eltern ist die Vorstellung, daß die eigenen Kinder süchtig werden könnten. Ich denke oft: Mein Gott, hoffentlich werden meine Mädchen nie süchtig ...

Brigitte Lämmle: ... denke ich bei meinen Kindern auch ...

Rolf Reinlaßöder: ... Deine sind jetzt ja schon erwachsen, die sind aus dem Gröbsten raus. Aber meine gehen noch zur Schule. Brigitte, verrätst du mir, was ich tun soll, damit die nicht süchtig werden?

Brigitte Lämmle: Ich glaube, wenn wir unsere Konflikte so managen, daß Kinder das Gefühl haben, was immer passiert – und es kann viel passieren, wir werden nie ein Leben ohne Probleme leben können – Mama und Papa packen's irgendwie: Vielleicht mit Heulkrämpfen oder mit Schreiattacken oder mit Ins–Bett–Gehen–und–zwei–Tage–nicht–Aufstehen. Aber es ist ein Konfliktmanagement da, ich kann als Kind einsehen, daß es Lösungen gibt. Wenn wir das als Eltern leben, dann sind die Risiken, daß das Kind später süchtig wird, am geringsten. Aber eine Garantie, einen absoluten Schutz hast du nie. Das ist ein Vabanque–Spiel.

Aber immer wenn diese Lösung mit *Mitteln* passieren, dann würde ich sehr, sehr sorgfältig hinschauen. Denn Kinder sind ganz empfindlich, die sind in ihrer Wahrnehmung für Falschheit wie Seismographen.

Wenn ich zum Beispiel ein Glas Wein getrunken habe, dann werde ich läppisch und kichere rum – das hassen meine Kinder. Dieses unmotiviert Läppische hassen sie, das kennen sie nicht, sie kennen ihre Mutter anders. Jetzt tu' ich es tagsüber nicht mehr, abends habe ich offensichtlich nach einem Essen eine größere Gelassenheit.

Rolf Reinlaßöder: Lassen wir uns das mal festhalten: Brigitte wird nach Wein läppisch, aber nicht abends nach einem Essen. Ich will da ja jetzt nicht weiter nachhaken ...

Brigitte Lämmle: ... dann saus' ich jetzt ganz unläppisch die Kurve wieder zurück: Wie wir als Vorbild für die Kinder sind, das ist ganz wichtig. Es ist immer so ein Vabanquespiel, es ist immer so ein Seiltanz. Rausch ist ja was Schönes. Stell dir mal vor, du ärgerst dich als Jugendlicher über eine Fünf, trinkst eine Flasche Bier und sagst dann: „Och, was ärgert mich der Lehrer? Ist doch egal, pfeiff' ich drauf." Das kann ja ein gutes Gefühl sein. Aber ich glaube, mit diesem Schutz, wie wir es als Modell leben, wie wir als Eltern miteinander umgehen, wie wir uns streiten, „Kind, das geht dich einen feuchten Kehricht an, wir lösen unsere Probleme und zwar alleine, da verstehst du überhaupt nichts von", damit zeigen wir ihnen eine andere, gesündere Form von Konfliktmanagement. Bei diesem Modell haben sie auch die Freiheit, sich dem Rausch zu entziehen, und die Freiheit zu sagen ...

Rolf Reinlaßöder: ... Saufen ist doch keine Lösung.
Brigitte Lämmle: Richtig.
Rolf Reinlaßöder: Brigitte, wir haben vorhin sehr intensiv über den Ko, den Mitsüchtigen gesprochen. Gib mal einen Tip für einen Ko, damit sein Partner möglichst lange süchtig bleibt.
Brigitte Lämmle: (lacht) Also: Die Flaschen kontrollieren, die Flaschen aufräumen, das Geld vorrechnen, was die Flasche gekostet hat, den Lebensweg kontrollieren. So hat er eine gute Chance, die Verantwortung für die Sucht zu übernehmen. Und das macht es für den Süchtigen praktisch unmöglich, auszusteigen.

Zum Weiterlesen

Um die Kindheit betrogen
Janet Woititz
(Kösel Verlag)

• Janet Woititz beschreibt eindringlich die Lebensrealitäten von Kindern, die in Alkoholikerfamilien groß werden. Sie zeigt, was viele „Suchtkinder" aus einer solchen Kindheit ins Erwachsenenalter „mitnehmen", weshalb viele ihrerseits wieder Beziehungen zu Suchtkranken eingehen und vor allem, wie solche Teufelskreise und Suchttraditionen durch Familien- und Einzeltherapie durchbrochen werden können.

Kurzzeittherapie bei Alkoholproblemen
Insoo Kim Berg, Scott D. Miller
(Carl-Auer-Systeme Verlag)

- Eigentlich ein Buch, das sich an Therapeuten wendet. Trotzdem nicht mit Fachwörtern überfrachtet, sondern voller nachvollziehbarer Fallbeispiele. Deshalb auch für Interessierte und Betroffene ohne psychologische Vorbildung zu lesen. Die Autoren schildern ihre konsequent lösungsorientierte Therapiestrategie, die sich nicht lange mit der Erforschung des „Problems" aufhält, sondern hilft, oft in erstaulich kurzer Zeit „den Dreh" zu finden. Ein Buch zum Umdenken.

Die heimliche Unterstützung der Sucht: Co-Abhängigkeit
Reinhold Aßfalg
(Verlag Neuland)

- Reinhold Aßfalgs kleines Bändchen erklärt auf 40 Seiten knapp und trotzdem vollständig den Begriff der Co-Abhängigkeit, von dem im letzten Kapitel die Rede war. Es zeigt, wie in vielen Fällen eine Alkoholsucht bei einem Partner mit einer Beziehungssucht beim anderen einhergeht. Eine aufregende Lektüre für alle, die sich diesen Gedanken zumuten wollen. Und eine lohnende: Aßfalgs Buch zeigt, warum im Lebenslauf von Langzeitsüchtigen oft genau dann die Wende eintritt, wenn der Partner beginnt, sich um sich selbst zu kümmern, statt um den anderen.

Kinder und Ängste

Gedächtnisprotokoll Brigitte: „Ein Anruf in Lämmle live"

Rolf moderiert: „Die nächte Anruferin ist eine junge Frau. Sie ist 26 Jahre alt und hat eine fünfjährige Tochter. Sie ist alleinerziehend. Ihr Kind will nachts nicht alleine schlafen und kommt immer zur Mama ins Bett. Was kann sie tun?"

> Sie beginnt zu erzählen. Ich höre ihre Stimme: lebhaft, aber nicht aufgeregt. Angenehm. Ich denke: patente junge Frau. Ich frage:

„Hast du denn für dich schon eine Idee, woran das liegen könnte?"

> Jetzt klingt sie zögerlich. Die Antwort scheint ihr schwerzufallen. Ich denke mir, selbst zu benennen, was da mit reinspielt, ist nicht ihr Ding. Also geh' ich selber auf die Suche. Ich sage:

„Soll ich dich erst mal fragen?"

Sie sagt: „Ja."

> Ein Gespräch entspinnt sich. Ich klopfe nach und nach die äußeren Lebensumstände intensiv ab. Ergebnis: Der Kontakt zum Vater – gut. Die Besuchsregelung – funktioniert problemlos. Sie hat einen Freund; sein Kontakt zum Kind – gut. Probleme im Kindergarten – keine. Ihr Berufsleben – erfolgreich. Eine liebevolle Tagesmutter – gibt es. Bei einer Beratungsstelle war sie auch schon – kein Ergebnis.
>
> Alles klingt perfekt. Ich glaube ihr. Während des ganzen Gesprächs kein Gefühl von Zweifel bei mir an dem, was sie sagt.
>
> In mir entsteht Ratlosigkeit. Ich frage mich: Wo gehört dieses Gefühl hin? Geht es dem Kind möglicherweise genauso? Ich nehme diese ratlose Haltung an. Ich sage:

„Also – nu' bin ich platt! Jetzt fällt mir auch nix mehr ein."
Sie lacht.

Ein Bild entsteht: Ich stehe da vor einem Schutzwall. Die Perfektion. Ich muß den Schutz respektieren, um den Schutzwall herum.

„Tja, was kann ich dir denn da überhaupt noch an Ratschlägen geben. Für mich klingt das alles total O. K. ... Eine allerletzte Frage fällt mir noch ein: Wieviel Zeit hast du für die Intimität mit deinem Freund?"

Sie sagt: „Viel. Aber natürlich nur, wenn das Kind bei seinem Vater ist."

Ich sage: „Ja. Das ist ja nicht ganz einfach, das alles so richtig gut zu machen: mit Tochter *und* neuem Freund."

Sie sagt: „Stimmt."

Ich spüre ein tiefes Aufatmen.

„Ich glaube, richtig *perfekt* kannst du das hinkriegen, wenn du dich traust, auch dein Bett zusammen mit deinem Freund so richtig in Besitz zu nehmen. Dann wird deine Tochter ihr eigenes Bett in Besitz nehmen und gar keine Lust mehr haben, in eurem zu übernachten."

Ich beende das Gespräch.

Rolf Reinlaßöder: „Nachts kommen die Wölfe und wollen mich fressen", oder "Unterm Bett ist ein gefährliches Krokodil." Da ist eine Jacke auf einem Bügel in der Dunkelheit vom Bettchen aus plötzlich ein beängstigendes Ungeheuer. Wie ich da manchmal meine kleinen Töchter verängstigt aus dem Bett springen sehe, das kann mir schon leid tun. Und dann erinnere ich mich jedesmal, welche Ängste ich teilweise als Kind hatte.

Brigitte Lämmle: Man lebt ja auch als Erwachsener nicht ohne Ängste. Bei mir ist es schlichtweg die Angst zu versagen, schlecht zu sein. Wenn Du wüßtest, welche Lösungsversuche ich schon gestartet habe, um diese Urangst in den Griff zu kommen!

Rolf Reinlaßöder: Du hast mir mal erzählt, daß während deiner Ausbildung ein Professor deshalb verlangt hat, daß du ein möglichst schlechtes Referat hälst, also bewußt vor den ganzen Kommilitonen im Hörsaal der *Looser*, der Versager sein mußtest.

Brigitte Lämmle: Hab' ich sogar gemacht. Ich habe mich hingestellt und tatsächlich den miesesten Vortrag aller Zeiten gehalten. Nur: Die Wirkung war überhaupt nicht so, wie es der Professor sich gedacht hatte. Ich hatte ja nicht versagt, sondern sehr gut seine Aufgabe erfüllt und ein sehr schlechtes Referat gehalten. Der hatte irrtümlich vermutet: Wenn die Lämmle mal vor versammelter Mannschaft was Mieses präsentiert, dann ist die Angst überwunden, dann sieht sie, daß das gar nicht so schlimm ist. Denkste! Die Angst, schlecht zu sein, blieb. Deswegen gehe ich zum Beispiel ins Fernsehen. Weil: Wenn ich das geschafft hab', schaffe ich die Stufe drunter, vorm größeren Publikum zu sprechen, auf der linken Backe.

Rolf Reinlaßöder: Gerade bei Kindern scheint es Tausende von verschiedenen Ängsten zu geben: Vor dem dunklen Keller, vor der steilen Treppe, vor dem muffigen Geruch im Speicher, vor dem Alleinsein im eigenen Zimmer.

Brigitte Lämmle: Wir charakterisieren ja immer eine Angst. Wir sagen: *„Das ist die Angst vor Dunkelheit"* oder *„Das ist die Angst vor Ungeheuern"*. Ich sage dagegen: Es ist *eine* Angst, eine *Grundangst*, die sich lediglich an unterschiedlichen Bildern festmacht.

Rolf Reinlaßöder: Dann würde hinter diesen speziellen Ängsten was viel Tieferes stecken.

Brigitte Lämmle: Dahinter – oder besser noch – da drunter schlummert eine ganz andere Angst. Und diese Grundangst ist etwas völlig Legales, Normales, Schützendes. Das ist mir ganz wichtig, klarzumachen.

Schau Dir mal so ein kleines Kind an: Das ist von einem drangvollen Neugierverhalten gekennzeichnet. Das muß eine ganze Welt entdecken. Das geht aber nur, wenn es sich aus den sicheren Grenzen herausbewegt, seinen Bewegungs- und Wahrnehmungsraum erweitert. Das bedeutet: Ich bewege mich aus sicheren Grenzen heraus. Bislang habe ich mich immer nur wohlgefühlt auf Mamas Schoß oder mit der Mama an der Hand. Aber nun gehe ich einen Schritt weiter, weil ich ja neugierig bin.

Dahinten die Blume, die will ich jetzt entdecken. Wie schmeckt die? Was ist das?

Rolf Reinlaßöder: Aber ich gucke schnell wieder zurück, ob Mama noch da ist.

Brigitte Lämmle: Aber es ist doch so eine Unsicherheit. Um auf Entdeckungsreise zu gehen, muß ich als Kind ja etwas Vertrautes verlassen. Und damit entsteht Angst. Das Neue macht mir Angst. Das ist einfach ein Grundverhalten, das jedes Kind begleitet. Das bedeutet: Auf der einen Seite Neugierde: *„Das kenn' ich nicht, das möchte ich fühlen, schmecken, das muß ich sezieren, das muß ich auseinandernehmen".* Auf der anderen Seite die Notwendigkeit, Vertrautes, Sicheres zu verlassen, um diese Neugierde zu befriedigen.

Rolf Reinlaßöder: Ohne Angst kann sich das Kind also gar nicht weiterentwickeln?

Brigitte Lämmle: Ganz genau! Dabei ist sie nicht nur quasi das Gegenstück zur Neugier, sondern auch ein natürlicher Schutz vor Gefahren. Laß mich noch mal bei dem kleinen Kind bleiben: Es geht also Schritt für Schritt weiter, erweitert seinen Bewegungs– und Entdeckungsradius. Jetzt sind da noch die Eltern. Von denen kommt ein nächster Grundimpuls: *„Nicht an die Herdplatte, du verbrennst dich",* oder *„Wenn du auf die Straße gehst, erst links gucken, nie einfach so rüberlaufen, sonst wirst du überfahren".* Da setzen wir als Eltern ganz bewußt angstmachende Mechanismen ein. Wir wollen, daß die Angst ihre Aufgabe erfüllt und das Kind davor bewahrt, ins nächste Auto zu rennen.

Rolf Reinlaßöder: Als die antiautoritäre Erziehung modern war, du weißt, die Zeit der Kinderläden, hieß es: Man darf als Eltern bei der Erziehung keine Grenzen setzen – bloß nicht mit angstmachenden Mechanismen arbeiten! Verlangt bloß keinen Anpassungsprozeß. Gebt keine Ratschläge, keine Verbote *„Tu dies nicht, tu das nicht".* Sind die Kinder dadurch weniger ängstlich geworden?

Brigitte Lämmle: Im Gegenteil. Das Motto: *„Wir lassen alle Repressalien sein, um die Seele unserer Kinder nicht zu verbilden",* das hatte schlimme Folgen: Diese Kinder haben eine unendliche Angst entwickelt. Die haben einfach aufgrund ihres Nichtwissens, aufgrund der Tatsache, daß sie nicht angeleitet wurden, unendliche Angst entwickelt. Auch weil ihnen Unterstützung fehlte bei der Abschätzung: „Wie weit kann ich mich lösen, um Neues zu entdecken?" Sie kriegten keine Impulse, keine Ratschläge. Vor allen Dingen wurde kein Anpassungsprozeß verlangt. Das war verpönt. Die Vorstellung, wir könnten unsere Kinder angstfrei erziehen, halte ich für ganz verquer. Angst gehört zum Leben. Für Familien ist es wesentlich hilfreicher zu akzeptieren, daß Angst da ist, und hinzuschauen, wie man mit ihr umgehen kann, statt zu behaupten: Es gibt ein angstfreies Leben.

Rolf Reinlaßöder: Ich habe mir schon immer den Kopf darüber zerbrochen, wie ich meinen Kindern klarmachen soll, daß sie nicht mit der Kuchengabel in der Steckdose rumstochern dürfen, *ohne* daß ich ihnen Angst mache. Da ist mir nichts eingefallen. Aber bevor da ein Kind lebensgefährlich verletzt wird, habe ich dann klipp und klar gesagt: *„Finger weg, sonst gehste hops."*

Brigitte Lämmle: Richtig! Das ist absolut sinnvoll! Also ich kann mich erinnern, als meine Kinder klein waren, da spielten die unheimlich gerne auf dem Fensterbrett rum. Wenn die da so sorglos rumturnten, hatte ich immer Angst davor, daß sie beim Spielen aus dem Fenster fallen könnten. Klar, ich habe denen tausendmal gesagt, sie sollten vorsichtig sein, aber meine Angst blieb. Wir wohnten damals im vierten Stock. Die Kinderärztin meinte dann: *„Nehmen sie doch mal eine Puppe und lassen die vom Balkon runterfallen. Dann sehen die Kinder selbst, was passieren kann".*

Rolf Reinlaßöder: Hast du das tatsächlich gemacht?

Brigitte Lämmle: Nein, das war mir dann doch eine Nummer zu drastisch. Ich habe dann lieber ganz rigide und klare Regeln aufgestellt, wie am Fensterbrett gespielt werden darf und wie nicht. Und die beiden sind Gott sei Dank auch nie aus dem Fenster gefallen. Trotzdem bleibt's dabei: Angst hat für unser Leben eine ganz, ganz wesentliche Schutzfunktion.

Das ist aber nur ein *Teil* der Geschichte. In einem Familiensystem kann Angst auch noch andere Funktionen übernehmen. Sie kann zum Beispiel ein verbindendes Element zwischen Mutter und Kind werden, die Angst kann aber auch Hinweis darauf sein, daß ich unbewußt nicht selbständig werden will. Und es gibt noch viele andere Funktionen, die Angst haben kann. Das muß man im Hinterkopf haben, wenn wir verstehen wollen, wie es zu Angststörungen innerhalb einer Familie kommt.

Rolf Reinlaßöder: Wie kommt das? Wann bekommt Angst solche „artfremden" Funktionen?

Brigitte Lämmle: Es kann zum Beispiel sein, daß ein Kind in einer Familie aufwächst, in der die Eltern selbst sehr ängstlich sind. Dann kann dadurch bei den Kindern mehr als diese gesunde, schützende Angst entstehen. Ich erlebe in meiner Praxis immer wieder, daß in Familien, in denen eine ängstliche Grundhaltung herrscht, die Eltern ihre eigenen Ängste auf das Kind übertragen. Das potenziert dann die Angst dieser Kinder, denn ihnen fehlt ja die Sicherheit, dieses Gefühl: Mama und Papa können mich beschützen. Ich bin im sicheren Hafen, von dem ich jederzeit in die neuen Welten starten und – wenn es allzu bedrohlich wird – wieder zurückkehren kann.

Stell dir mal vor: Da ist eine ängstliche Mutter, das Baby schreit. Mutter beugt sich ängstlich über das Kind – das Kind registriert wie ein Seismograph die Angst im Gesichtsausdruck und in der Stimmung der Mutter.

Rolf Reinlaßöder: Es schreit noch lauter, hat noch mehr Angst, weil Mama ihm ja zeigt, daß sie auch Angst hat.

Brigitte Lämmle: Die Angst hat sich verdoppelt. Und jetzt kommt auch noch der Vater dazu und pflaumt seine Frau an: *„Mein Gott, reg' dich doch nicht so auf. Was du immer für ein Tamtam veranstaltest!"* Die Frau: *„Du verstehst mich nicht. Du hast ja keine Ahnung!"* Jetzt braucht das Kind gar nicht mehr die feinen Antennen, um mitzubekommen, daß da so eine Grummelstimmung herrscht, daß irgendwas nicht in Ordnung ist. Der Reflex: Noch mehr Angst, das Gefühl *„Hier läuft etwas Bedrohliches ab"*.

Rolf Reinlaßöder: O. K. Die Angst wird also mehr statt weniger. Aber wie kann es dann dazu kommen, daß sie sogar zu einem verbindenden Element wird?

Brigitte Lämmle: Stell dir vor: Mutter und Vater haben also extrem unterschiedliche Angstlevel. Mutter sagt: *„Ich kann heute abend nicht weggehen; das Kind hat 37,5° Fieber"*. Wenn die Frau jetzt zum 95. Mal nicht zur Party mitgegangen ist, weil sie Angst hat, dem Kind könnte etwas passieren, und der Mann ist wieder alleine gegangen, dann wird die Entfremdung zwischen Mutter und Vater immer größer. Gleichzeitig führt das aber zu einer sehr, sehr engen Koalition zwischen Mutter und Kind. Der Vater steht draußen, denn: *„Der macht ja sowieso nichts richtig. Der versteht ja überhaupt nicht, was mit dem Kind passiert."* Das ist ein Klima, in dem sich Ängste festsetzen und sehr bestimmend werden können.

Rolf Reinlaßöder: Was kann man tun, wenn man nicht in so eine Falle tappen will? Wie geht man vernünftig vor, wenn ein Kind beispielsweise Angst hat, nachts alleine zu schlafen. Und die Eltern sich nicht einigen können, ob es im Elternbett schlafen darf oder nicht?

Brigitte Lämmle: Wenn die Eltern darauf mit Panik oder Streit reagieren, dann wird die Angst nur viel größer. Ich beobachte immer wieder, daß Kinder, die das Einschlafen selbst managen können, denen die Eltern ein Einschlafritual beigebracht haben, viel weniger ängstlich sind. Wenn Kinder es schaffen, das *selbst* zu managen, wenn sie dafür das Rüstzeug haben, dann ist das ein riesiges Stück Selbständigkeit und ein wichtiger Entwicklungsschritt.

Rolf Reinlaßöder: Schön und gut, aber wie führt man sie dahin?

Brigitte Lämmle: Durch einen einfachen Rollentausch, zum Beispiel mit einem Schmusetier. Stell dir vor, ein Kind hat die Möglichkeit, für seinen Teddybär die Schutzfunktion zu übernehmen. Es kann sich sagen: *„Ich bin jetzt hier im Dunkeln mutig für dich, Teddy. Ich kann stolz auf mich sein. Ich kann Entscheidungen treffen."* So ein Ritual kann man auch noch dann einführen, wenn man mit dem Problem konfrontiert wird, daß das Kind nicht alleine einschlafen will. Ich empfehle als Therapeutin den Eltern immer wieder: *„Schau, wo dein Kind stolz auf sich sein kann."* Das ist manchmal ganz schön schwer – besonders wenn Eltern ganz ausgeprägt fürsorglich oder ängstlich reagieren. Aber es ist sehr nützlich.

Dann ist es auch ganz wichtig, daß nicht immer dieselbe Person die „Nachtversorgung" übernimmt. Konkret: Gelassen bleiben, nicht gleich in Panik aus dem Bett springen und im Wechsel rübergeh'n; mal die Mutter, mal der Vater: *„Wen brauchst du? Den Teddybär? Wo ist der denn? Schlamperei!"* Also mit viel Gelassenheit und viel Humor rangehen.

Aber Vorsicht bei allzu schnellen Diagnosen und Rezepten. Es kommt auf die individuelle familiäre Situation an. Laß mich da nochmal auf die Funktion zurückkommen, die so eine Kinderangst im Familiensystem annehmen kann. Das Kind kann durch sie nämlich auch eine gewisse Macht bekommen.

Rolf Reinlaßöder: Wie das?

Brigitte Lämmle: Wenn ein Kind zum Beispiel jede Nacht ins elterliche Bett gekrabbelt kommt, dann kann das viele Gründe haben. Klar, es kann auch einfach nur bedeuten *„Ich kann nicht mehr allein sein".* Es kann aber auch noch etwas anderes im Busch stecken: Vielleicht will die Mutter im Bett mit ihrem Mann nichts mehr zu tun haben. Dann ist das Kind in der Besucherritze ein willkommenes Argument.

Rolf Reinlaßöder: Das Kind wird zu einer Art Grenzwächter zwischen Vater und Mutter.

Brigitte Lämmle: Eine hohe Machtposition! Gleichzeitig wird das Kind aber von der Mutter in seiner Angst unbewußt bestätigt, ja geradezu aufgefordert, Angst zu haben.

Rolf Reinlaßöder: Laß uns jetzt ein paar Jahre weitergehen. Das Kind ist größer, es geht zur Schule. Aber: Schon nach ein paar Monaten – bei manchen auch nach ein paar Jahren – entwickelt sich Angst vor der Schule. *„Papa, ich habe Angst, ich will nicht in die Schule. Ich habe Angst vor der Lehrerin"* oder *„Ich habe Angst vor den anderen."*

Brigitte Lämmle: Auch da hilft nur hinzuschauen: Was drückt diese Angst wirklich aus? In welcher verkleideten Form tritt welche Angst auf und was bedeutet diese Angst?

Rolf Reinlaßöder: Was sie bedeutet – kann das zum Beispiel sein: *„Ich will das sichere Zuhause nicht verlassen."*

Brigitte Lämmle: Mag sein. Oder vielleicht: Ich *darf* es nicht verlassen? Da sind wir an dem Punkt, den wir beim Thema Ablösung noch ausführlicher diskutieren. Aber vorweg können wir schon mal sagen: Es gibt nur ganz, ganz wenige Eltern, die gleich im ersten Moment auf den Gedanken kommen, daß die Schulangst des Kindes etwas mit einem schieflaufenden Ablöseprozeß innerhalb des Familiensystems zu tun haben kann. Aber es gibt um so mehr Eltern, die ihren Kindern – unbewußt – diesen Auftrag gegeben haben: *„Du mußt bei Mama bleiben, denn Mama will dich nicht in diese große Welt, in die Unabhängigkeit entlassen. Mama braucht dich hier zu Hause".* Da habe ich als Kind eine unbewußte Botschaft aufgenommen und bin vielleicht der heimliche Ritter, der Beschützer meiner Mutter geworden. Diesen Auftrag kann ich natürlich nicht erfüllen, wenn ich von zu Hause weg in der Schule bin.

Also auch hier: Ganz sorgfältig hinschauen, welche Botschaft hinter der Angst vor der Schule verborgen ist.

Rolf Reinlaßöder: Wie kommt es denn dazu, daß Eltern unbewußt solche Botschaften vermitteln. Es will doch keiner, daß sein Kind auf ewig am Rockzipfel klebt?

Brigitte Lämmle: Ich versuch's mal mit einem Fall aus meiner Praxis. Vielleicht wird dadurch der Zusammenhang deutlich:

Das Kind eines jungen Ehepaares war in der ersten Klasse der Lehrerin aufgefallen, weil es ungewöhnlich viel Angst hatte. Ich habe dann angefangen, mit der ganzen Familie zu arbeiten. Die Geschichte dieser Familie sah so aus: Das Elternpaar, also das junge Ehepaar, war nie aus dem Elternhaus der Frau ausgezogen. Die lebten als junges Ehepaar bei den Eltern bzw. Schwiegereltern im Haus. Und es war nicht so, daß dieses Paar klare Grenzen zu den Eltern gezogen hätte. Die Türen sind nie geschlossen gewesen. Das heißt: Die Ablösung der Mutter von ihren eigenen Eltern ist irgendwann stehengeblieben. Sie hat nie diesen Schritt gemacht, selber hinaus ins feindliche Leben zu gehen. Wirklich selber eine Familie *außerhalb* ihres Elternhauses aufzubauen. Ein Elternhaus für *ihr* Kind. Das bedeutet: Schon die Mutter nahm ihren Eltern gegenüber eine sehr zurückgenommene Haltung ein. Nun hat diese Frau inzwischen ein Kind, das zur Schule geht. Und die ängstliche Haltung drückt sich jetzt, in der nächsten Generation, in dem Kind aus.

Rolf Reinlaßöder: Und wie kommt die Angst dahin? Was haben Mutter und Kind miteinander angestellt?

Brigitte Lämmle: Da mußt du nochmal eine Generation früher hinsehen. Mutter und Großmutter waren sich nämlich völlig uneinig in Erziehungsdingen. So wenig, wie die Türen im Haus verschlossen waren, so wenig lag der Erziehungsauftrag klar bei den Eltern. Da gab es Situationen, in denen sagte die Mutter zum Kind: *„Setz dich jetzt endlich mal hin und mach deine Schulaufgaben"*, und kaum saß es, kam die Oma zur Türe rein und meinte: *„Kind, was bist du wieder blaß, geh doch jetzt endlich mal raus an die frische Luft zum Spielen, statt ständig in der Stube rumzusitzen."* Das Kind war ständig mit widersprüchlichen Anforderungen konfrontiert. Allein das kann schon eine Menge Angst auslösen: Das Kind kann nicht entscheiden, ob es jetzt auf die Mutter oder die Großmutter hören soll. Das ist eine Riesenüberforderung. Also reagiert es mit Angst.

Rolf Reinlaßöder: Was hast du dann gemacht, wie hast du mit dieser Familie weitergearbeitet?

Brigitte Lämmle: Die Lösung kam in diesem Fall durch ganz konkrete Schritte: Die Eltern dieses Kindes gingen dran, sich um eine eigene Wohnung zu kümmern. Die räumliche Distanz machte es ihnen leichter, auch klarere Grenzen zu ziehen. Witzigerweise brachte das auch den Großeltern ein Gefühl von Entlastung. Und das Kind hat inzwischen keine außergewöhnlichen Ängste mehr.

Rolf Reinlaßöder: Brigitte, noch ein Tip zum Schluß: Können Märchen für Kinder bei der Bewältigung von Ängsten hilfreich sein? Auf den ersten Blick sind die ja zum Teil extrem furchteinflößend und sogar angstfördernd: Da werden Gliedmaßen abgehackt, Bäuche aufgeschlitzt ...

Brigitte Lämmle: Ich sehe bei Märchen prinzipiell die Möglichkeit, daß Kinder in ihnen einige ihrer inneren Fragen lösen können. Kinder können sich gerade auch sehr stark mit diesem Grausamen, mit dem Zerstörerischen, das im Märchen vorkommt, identifizieren. Das sind Teile, die zwar oft nicht zugelassen werden, die wie hinter einer Gardine versteckt werden. Und im Märchen können sie diese saumäßige Wut dann über die Identifizierung mit einem der Helden ausleben. Noch haben sie ja nicht diese ganze Palette von Problemlösungen, über die Erwachsene – hoffentlich – verfügen. Aber trotzdem können Haß- und Wutgefühle extrem stark sein.

Meine Tochter war gerade fünf oder sechs und hatte sich irrsinnig über ihren älteren Bruder geärgert. Ich saß unten in der Küche, und da zischte sie auf einmal an mir vorbei, und ich hab' nur noch gehört: *„Wo ist ein Hammer, wo ist ein Hammer? Ich bring ihn um!"* Das mußt du dir bildlich vorstellen: Ich saß da als entsetzlich geängstigte Mutter und mir schoß durch den Kopf: *„Um Gottes Willen, was habe ich für Monster."* Aber dann habe ich mir gedacht: *„Hm, is' ja kein Hammer da, jetzt beobachte ich erst mal, wie es weitergeht, und mische mich nicht ein."* Meine Tochter hat sich dann auch sehr schnell wieder beruhigt. Mit der Episode will ich auch nur zeigen, daß solche Gefühle da sind bei Kindern.

Wenn nun so ein Mädchen in einem Märchen zum Beispiel liest: *„Und so schlug der Schmied den Gehilfen mit dem großen Schmiedehammer tot"*, dann ist das für dieses Kind beruhigend. Und zwar in dem Sinne, daß es zum einen erlebt: Meine Regung steht nicht außerhalb aller menschlichen Erfahrung. Das *Gefühl*, das ich da empfunden habe, ist quasi normal. Und zum anderen wird die Wut sozusagen *symbolisch* ausgelebt und ist damit auch zu Ende. Auf dem Weg tragen Märchen, glaube ich, eher dazu bei, *tatsächliche* Gewalt zu vermindern.

Und dazu gibt es dann im Märchen fast immer ein Happy-End. Es endet immer mit einer guten Ordnung, mit diesem *„So lebten sie glücklich und zufrieden ..."*

Insofern sind Märchen auch bei Angst sehr hilfreich.

Zum Weiterlesen

Mio mein Mio
Astrid Lindgren
(Oettinger Verlag)

• Die Geschichte vom Waisenknaben Bo, der durch einen mysteriösen Zufall erfährt, daß sein leiblicher Vater König im Lande Nirgendwo ist. Durch einen noch mysteriöseren Zufall gelingt es ihm sogar, in dieses Land zu reisen, wo er von seinem Vater in die Arme geschlossen und nun „Prinz Mio von Nirgendwo" wird. Alles könnte sehr schön sein, wäre da nicht der böse Ritter Kato, der das Land tyrannisiert. Mio hat den Mut, sich dem bösen Ritter zu stellen, und er besiegt ihn. „Mio mein Mio" ist ein Buch, das Psychotherapeuten wahrscheinlich „ressourcenorientiert" nennen würden: Es befaßt sich nicht hauptsächlich mit den auftretenden Problemen, sondern führt den Leser ganz behutsam an die Quellen seiner inneren Kraft heran. Ein wundervolles Buch von einer großen Künstlerin. Geeignet für Kinder, die schon Spaß an größeren zusammenhängenden Geschichten haben; so etwa ab acht Jahren – zum Vorlesen auch schon früher.

Billy und das Monster
Brigitta Stenberg, Matti Lepp
(Carlsen Verlag)

• Im Urlaub trifft Billy den alten Fischer Sven. Der erzählt ganz gruselige Geschichten von schrecklichen Fischen und gefährlichen Quallen, die es vor allem auf kleine Jungs abgesehen haben. Billy wird davon so bange, daß er sich schließlich gar nicht mehr ins Meer traut. Schließlich erzählt Billy seiner Mama von Svens Gruselgeschichten, und gemeinsam beschließen sie, dem alten Fischer einen Streich zu spielen, und ihm selbst mal so richtig Angst einzujagen. Ein Bilderbuch mit drei bis vier Sätzen pro Bild. Geeignet für Kinder ab etwa vier bis fünf Jahren.

Leopold und der Fremde
Stephan Brülhart
(Verlag Pro Juventute)

• Leopold, der Leopard, wohnt im Wald, und Konrad Krokodil wohnt im Teich neben dem Wald. Leopolds Mutter sagt: „Spiel nicht mit Krokodilkindern, denn bei Krokodilen weiß man nie ...", und Konrads Mutter sagt – na, was wohl – „Spiel nicht mit Leopardenkindern, denn bei Leoparden weiß man nie ..." Eine wunderschöne Geschichte über die Angst vor anderen Kindern und wie man sie hinter sich läßt. Besonders hübsch, weil die Tierkinder „vorangehen", und schließlich sogar die Muttis einsehen, daß Krokodile und Leoparden doch gar nicht so schlecht zusammenpassen. Ein großformatiges Bilderbuch mit einem Satz Text pro Bild. Geeignet für Kinder ab etwa drei Jahren.

Nur Mut, kleiner Bär
Sabine Friedrich, Volker Friebel
(Musikbär Verlag. Audiokassette und Begleitheft)

• Die Hörkassette „Nur Mut, kleiner Bär" ist einerseits eine durcherzählte märchenartige Geschichte mit Liedern zum Nachsingen. Andererseits „verstecken" sich in ihr einige Elemente aus dem autogenen Training: Entspannungsübungen und formelhafte Vorsätze wie „Mit Mut geht's gut", die man aus der Geschichte „ins Leben" mitnehmen kann. Dabei wird aber nicht der Versuch unternommen, Angst einfach abzutrainieren. In der Geschichte gibt es einmal eine Hängebrücke, vor der der kleine Bär Angst hat – die sich aber als ganz stabil herausstellt – und dann den zugefrorenen See. Dorthin will der kleine Bär eigentlich zum Schlittern gehen. Doch wie sich zeigt, wäre das ganz gefährlich gewesen – der kleine Hase ist dort nämlich schon eingebrochen. Die Botschaft lautet also: „Ganz genau hinsehen". Dann stellt sich von selbst heraus, ob es sich „lohnt", Angst zu haben, oder nicht. Für Kinder im Kindergartenalter.

Sexueller Missbrauch

GEDÄCHTNISPROTOKOLL BRIGITTE: EIN ANRUF IN „LÄMMLE LIVE"

Rolf moderiert: „Der nächste Anruf kommt von einem Mann. Er ist 33 Jahre alt. Er sagt: Es gibt drei Frauen in meinem Leben. Ich bin dem langsam nicht mehr gewachsen. Was soll ich tun?"

Mein Anrufer beginnt zu erzählen. Ich höre eine sehr sanfte Stimme. Dabei hochpräzise Formulierungen. Knapp auf den Punkt gesprochen. Ich assoziiere: Ein Mann, der in einem Hörsaal steht. Beliebt. Mit dieser Präzision schildert er ...

„Ich liebe jede dieser drei Frauen. Mit der ersten lebe ich zusammen. Sie braucht mich ..."

Ich speichere: „braucht ..."

„... Die zweite Beziehung ist mehr intellektuell, wir können uns austauschen, können diskutieren ..."

Ein Bild entsteht: Dieser Mann steht an einem Seziertisch. Er seziert seine Beziehungen ...

„... Mit der dritten Frau verbindet mich die Erotik ..."

Ich denke: Warum schildert der jetzt nicht ein wirres Kuddelmuddel, sondern sowas Präzises? Wieder das Bild: Seziertisch. Starker Impuls. Er muß weg von diesem Seziertisch. Dort kann sich nichts ändern. Ich frage:

„Sag' mal, das klingt doch eigentlich klasse: Eine Frau für jede Lebenslage. Davon träumen die Kerle doch."

Ich ahne: Jetzt kann es heftig werden. Ich locke ihn. Prompte Reaktion:

„Wenn das so toll wäre, würd' ich ja wohl nicht anrufen!"

Jetzt bin ich ihm näher als vorher. Ich frage weich:

„Das heißt, du kriegst nicht nur viel, du gibst auch viel."

Er sagt: „Ja."

Er klingt sehr weich, sehr berührt und dabei sehr kurz. Ich frage:

„Zu viel?"

Er sagt: „Ja."

Ich spüre: Der Platz am Seziertisch ist jetzt frei. Dort entsteht auch Sicherheit. Die ist dringend nötig. Also gehe ich jetzt dorthin. Ich sage, jetzt selbst präzise, als Fachfrau:

„Das sind Strukturen, die wir in der Regel in der Kindheit gelernt haben ... sich zu verausgaben. Erinnert dich das an was?"

Er sagt: „Nein." (Pause)

Er sagt: „Ja." (Pause)

Er sagt stockend: „Meine Mutter ..." (Pause)

Ich frage: „Brauchst du noch etwas von mir?"

Er sagt: „Nein. Ich weiß jetzt, wie ich weitermachen werde."

Ich spüre Sicherheit. Darum verabschiede ich mich von ihm.

EIN WEITERER ANRUF

Rolf moderiert: „Der nächste Anrufer ist 45. Er hat vor mehreren Jahren seine Tochter sexuell mißbraucht. Sie war damals elf. Seit damals lebt er von seiner Familie getrennt. Jetzt würde er gerne wieder Kontakt aufnehmen, weiß aber nicht, ob das gehen kann."

Der Mann erzählt: „Ich habe mich damals an meiner Tochter vergangen. Meine Frau hat mich angezeigt. Ich habe meine wohlverdiente Strafe bekommen – hab' gesessen. Ich habe auch Therapie gemacht und bereue das alles zutiefst ..."

Ich merke, ich klinke mich innerlich aus. Höre zwar seine Worte, aber nehme kaum den Menschen wahr, der sie spricht. Konserven-

> *sprache. Ich denke: Wie ein Kind, das folgsam, aber unbeteiligt sagt: Ja Mami, ich will wieder lieb sein.*
>
> Er sagt: „Ich möchte meine Tochter gerne wiedersehen. Meine Frau hat bisher jeden Kontakt verhindert."
>
> *Ich versuche ihn zu greifen.*
>
> „Glaubst du, daß deine Tochter dir verziehen hat?"
>
> Er sagt: „Ich habe mir in der Therapie wirklich alles angeschaut. Mir ist völlig klar, daß ..."
>
> *Wieder Worthülsen. Ich spüre ihn immer noch nicht. Nur Glätte. Er ist nicht zu fassen. Ich rutsche an dieser Glätte ab. Ich will durch diesen polierten Panzer durch. Ich versuche es mit der Umkehrfrage:*
>
> „Hast du dir selbst verziehen?"
>
> Er sagt sehr schnell: „Nein."
>
> *Ich spüre: Jetzt ist er wirklich da. Dann versucht er einen Moment lang wieder in seine Konservensprache zurückzuflüchten. Aber schon nach ein paar Worten gibt er auf. Eine Pause entsteht. Ich will diese Pause aushalten, respektieren. Schließlich frage ich ihn:*
>
> „Wie kannst du erwarten, daß dir jemand verzeiht, wenn du das selbst nicht kannst?"
>
> *Er schweigt. Meine Kontrollfrage:*
>
> „Auf welcher Seite, glaubst du, stehe ich? Auf deiner, oder auf der deiner Tochter?"
>
> *Ich befürchte, daß er die vorschnelle, brave Antwort „Auf meiner Seite" gibt. Aber er bleibt bei seiner Nachdenklichkeit. Er beendet das Gespräch.*

Rolf Reinlaßöder: Brigitte. Sextouristen auf den Philippinen, Kinderpornoringe in Belgien und Frankreich, bestialische Sexualmorde an kleinen Mädchen. Die öffentliche Diskussion ums Thema „Sexueller Mißbrauch" ist durch diese Extremerscheinungen enorm angeheizt. Hast du so etwas vor Augen, wenn du in der Praxis mit Mißbrauchsopfern arbeitest?

Brigitte Lämmle: Die Antwort ist ein ganz klares *Nein*. In der Familientherapie haben wir's hauptsächlich mit was ganz anderem zu tun: Mit dem – fast hätt' ich gesagt „alltäglichen" – Mißbrauch in der Familie. Mit dem, was in der „guten Stube" passiert. Zwischen Vater und Tochter, Sohn und Mutter, zwischen einem Kind und einem nahen Verwandten, einem Freund der Eltern, einem Bekannten. Da geht es auch nicht um solche mörderischen Vorgänge, sondern um eine subtilere Form von Gewalt. Um eine Verwirrung von Sexualität und kindlicher Liebe, von Konflikt der Eltern untereinander, von Eifersucht, von Abwehr und sogar von elterlicher Liebe.

Zu der öffentlichen Diskussion um diese sexuell getönten Gewaltverbrechen möchte ich aber trotzdem noch was sagen: Vor einiger Zeit war's ja so – grade als diese grauenhaften Morde in Belgien herausgekommen waren –, daß auch bei uns so 'ne richtige Lynchstimmung herrschte. Dieses *„So einen muß man umbringen!"* war überall zu spüren.

Also, auf die strafrechtliche Diskussion will ich mich gar nicht einlassen – das ist nicht meine Aufgabe – und auch nicht darauf, was alles *hinter* dieser extrem aufgeregten Haltung stecken kann. Aber ganz wichtig ist mir, zu sagen, daß all die öffentliche Empörung extrem negative Folgen für die Opfer von sexuellem Mißbrauch hat – von dem, der sich tagtäglich ereignet.

Rolf Reinlaßöder: Wieso das denn?

Brigitte Lämmle: Weil es all die, die sich vielleicht trauen würden zu sagen: *„In meiner Familie findet so was auch statt"*, dran hindert, um Hilfe zu rufen. Ich möchte dieses Gespräch wirklich mit einem Aufruf beginnen: Laßt das Rachegeschrei, es hilft niemandem, am allerwenigsten den Opfern!

Rolf Reinlaßöder: Also, ich habe auch drei Töchter. Die sind sieben, neun und zwölf. Wenn ich mir jetzt vorstelle, die geh'n in den Wald, werden entführt, sexuell mißbraucht, umgebracht – wer weiß, was ich da tun, was ich da sagen würde. Für mich sind das ganz furchtbare Vorstellungen – auf der anderen Seite kenne ich aber auch die Statistiken. Und deshalb weiß ich, daß mich gerade diese Vorstellung schnell in die Irre führen kann. Denn bei allen Untersuchungen, die ernst zu nehmen sind, kommt das gleiche heraus: Unfreiwillige sexuelle Erfahrungen als Kind oder als Jugendlicher sind häufig: Zwischen fünf und acht Prozent haben das erlebt. Und: Nur ein verschwindend kleiner Teil der Täter gehört *nicht* zur Familie oder zum engeren Umfeld. Also, die Geschichte mit dem Überfall im Wald, die sollten wir wohl wirklich vergessen, zumindest für unser Gespräch.

Brigitte Lämmle: Richtig.

Rolf Reinlaßöder: Worüber sprechen wir dann? Ich hab' ja eben schon etwas geschraubt gesagt „*unfreiwillige sexuelle Erfahrungen*". Die Formulierung stammt aus einer der Statistiken. Wenn man die liest, dann merkt man: Es ist gar nicht so einfach zu definieren, was sexueller Mißbrauch eigentlich genau ist, wo genau das anfängt. Wo beginnt für dich der Mißbrauch, Brigitte?

Brigitte Lämmle: Sehr früh! Für mich ist Mißbrauch nicht nur die vollzogene Tat. Ich würde schon dann von Mißbrauch sprechen, wenn irgendwo in der Familie dieses Gefühl entsteht „*mein Prinzeßchen*". Wenn also z. B. ein Vater auf die Schiene gerät, in seiner Tochter ein Substitut, einen Partnerersatz zu sehen. Wenn die Phantasien anfangen zu laufen. Die müssen nicht ausgelebt werden, nicht einmal ausgesprochen, vielleicht gesteht dieser Vater sich das nicht einmal selber ein. Und trotzdem kann die tiefliegende Vorstellung „*Ich könnt' es mit dir treiben*" schon wirken …

Rolf Reinlaßöder: … Moment mal. „*Mein Prinzeßchen*", das muß doch nicht automatisch heißen: „*Ich könnt's mit dir treiben*" …

Brigitte Lämmle: Nein! Natürlich nicht. Da muß viel mehr dazu kommen. Trotzdem bin ich bei dem Prinzessinnen-Titel immer ziemlich skeptisch. Laß mich ein bißchen ausholen, dann wird es vielleicht klarer. Stell dir mal eine ganz normale Familie vor, wie so eine Art Skulptur. Ganz klassisch, drei Figuren: Papa, Mama und Kind. Und dann stell dir vor: Innerhalb dieser Skulptur, da stehen die Vater- und die Mutterfigur so leicht erhöht, wie auf einer Art Podest …

Rolf Reinlaßöder: Wieso Podest?

Brigitte Lämmle: Weil sie auf Grund ihrer Verantwortung in einer schützenden Position sind. Daraus folgt auch eine Hierarchie. Die Eltern sind in gewissem Sinn über ihre Kinder gestellt, weil sie einen Erfahrungsvorsprung haben, weil sie wissen, was für ein Kind gefährlich ist, wovor es Schutz braucht.

Rolf Reinlaßöder: Auch weil sie wissen, was gut für das Kind ist.

Brigitte Lämmle: (zögerlich) Hm, ja. In dem Zusammenhang hier ist mir wichtig, daß sie die *schützende* Funktion haben. Deshalb stehen sie auf dem Podest.

Rolf Reinlaßöder: O. k.

Brigitte Lämmle: Jetzt stell dir noch mal den „*Prinzeßchen*"-Fall vor: In unserer Skulptur steigt die Mutter jetzt sozusagen runter von dem Podest, und die Tochter wird raufgehoben. Und genau das ist ganz häufig der Fall, wenn die Mutter aus der Partnerschaft mit dem Vater schon sehr weit draußen ist. Wenn es z. B. keinen guten Sex mehr zwischen den beiden gibt.

Rolf Reinlaßöder: Gut, die Hierarchieebenen werden vertauscht. Aber das kann doch auch passieren, ohne daß der Vater sexuelle Phantasien oder Empfindungen der Tochter gegenüber hat.

Brigitte Lämmle: Stimmt. Wir sprechen jetzt ja auch erstmal von so einer ganz weiten Vorstellung von Mißbrauch. Aber wenn dieser Wechsel auf dem Podest passiert ist, wenn also die Tochter obendrauf steht und nicht mehr die Mutter, genau dann kann es passieren, daß schon so ein übermäßiges Verwöhnen, so ein besonders hübsches Herausputzen, so ein Ganz-süß-Ankleiden des „Prinzeßchens", daß das schon so einen sexualisierten Beigeschmack bekommt. Von da ist es noch ein ziemliches Stück bis zu eindeutigen sexuellen Phantasien, und noch'n größeres Stück, bis die sogar ausgelebt werden. Aber der Einstieg kann hier liegen ...

Rolf Reinlaßöder: Kann, muß nicht ...

Brigitte Lämmle: ... muß nicht – klar. Wichtig ist, was im Familiensystem vor sich geht. Aber andersrum wird ein Schuh draus: In allen Familien, in denen sexueller Mißbrauch von Kindern stattfindet, findet auch dieser Platztausch in irgendeiner Form statt.

Rolf Reinlaßöder: Wie ist das denn für das Kind, das seine Mutter sozusagen vom Sockel geholt hat, sich neben den Vater gestellt hat. Wünscht sich dieses Kind die Mama wieder neben den Papa und sich selbst wieder auf die angemessene Ebene?

Brigitte Lämmle: Nein. Das Kind hat ja kein familientherapeutisches Konzept im Kopf, daß die Mama wieder da hoch auf das Podest gehört. Stell dir vor, die Beziehung zwischen den Eltern ist wirklich schwer gestört. Das Kind hat die Mama vielleicht weinen gehört, das Kind hat die Mama traurig gesehen, das Kind hat die Mama verzweifelt gesehen. Und es hat das Gefühl: *„Mama, es soll dir wieder gut gehen."* Fatalerweise merkt es aber, daß genau das eintritt, wenn es oben auf dem Podest ist und die Position beim Vater einnimmt. Es mag verblüffend sein, aber oft bringt genau das für die Mutter eine Entlastung.

Und das Kind spürt dort oben eine enorme Macht.

Rolf Reinlaßöder: Das klingt jetzt so, als hätte es auch Vorteile davon, oben, also auch über der Mutter zu stehen.

Brigitte Lämmle: Genau so is' es auch. Da sind wir schon mitten drin in der wirklich tragischen Verstrickung, die der sexuelle Mißbrauch für das Opfer bedeutet. Laß uns jetzt mal weggehen von der weiten Definition. Stell dir vor, da wird Sexualität ausgelebt. Der Vater oder eine andere Person aus dem familiären Umfeld onaniert, während das Kind dabei ist, er bringt es dazu, seinen Penis anzufassen, er dringt in das Kind ein …

Rolf Reinlaßöder: Vergewaltigung …

Brigitte Lämmle: … und das sogar im doppelten Sinn. Einerseits die direkte Vergewaltigung, die ungeheure Grenzverletzung. Und andererseits auch noch eine indirekte, eine ganz vertrackte. Das Kind spürt – wenn wir jetzt noch mal davon ausgehen, der Vater wär's –: *„Mein Vater braucht mich als Partnerin."* Und damit steht es noch über der Mutter. Nur: Mit dieser Machtposition kann ein Kind einfach nicht zurechtkommen. Macht und Ohnmacht liegen für die Mißbrauchten also quasi direkt nebeneinander. Und aus beidem kann ungeheuer viel Leid entstehen.

Bei erwachsenen Männern, die als Kind mißbraucht wurden, erleb' ich dann sehr häufig so ein Don-Juan-Verhalten, dieses *„Ich muß das Herz jeder Frau brechen"*. Bei Frauen ganz ähnlich. Also, ich hab' 'ne Klientin, die hat neben der Ehe 'nen Freund, und während sie mit beiden zusammen war, hatte sie im Lauf der Zeit noch mit etwa 30 anderen Männern sexuelle Beziehungen angeknüpft.

Rolf Reinlaßöder: Worin liegt hier denn genau das Leid? Bei vielen Männern ist es doch so, daß sie sich die Macht geradezu wünschen, „das Herz jeder Frau brechen" zu können.

Brigitte Lämmle: Weil ganz oft hinter diesem häufigen Wechsel die Unfähigkeit steckt, sich wirklich auf jemanden einzulassen, und damit eine tiefe Einsamkeit.

Also, Macht im Sinn von „*Power haben*" ist ja an sich was Positives – auch in Beziehungen. Aber darum geht es in diesem Fall nicht. Was Mißbrauchte da aus ihrer Kindheit mitnehmen, ist was ganz anderes. Das sind Erfahrungen mit einer negativen Form von Macht, mit Manipulationsmacht. Das ist ein Gefühl von falscher Stärke. Ich möchte das noch mal ganz deutlich zum Ausdruck bringen: Es ist keine positive Macht, sondern eine negative! Sie entsteht nicht aus eigener Kraft. Sie kommt daher, daß das Kind auf eine Position gesetzt wurde, auf die es nicht gehört. Und diese falsche Macht spiegelt sich im Erwachsenenalter ganz häufig in den Beziehungen wieder.

Rolf Reinlaßöder: In unseren Nachtsendungen verblüfft mich eines ja immer wieder: Bei Leuten, die wegen Problemen in ihrem Sexualleben, in ihrer Partnerschaft anrufen, kommst du oft unheimlich schnell auf so einen dunklen Fleck in der Vergangenheit. Wenn ich mir das so vor Augen halte, bekomme ich eine Vorstellung davon, wie häufig Mißbrauch tatsächlich vorkommt und wie gravierend die Folgen für Partnerschaften im Erwachsenenalter sind ...

Brigitte Lämmle: Sehr häufig – auch wenn natürlich nicht jede Anruferin, nicht jeder Anrufer mit Beziehungsproblemen früher mal mißbraucht worden ist. Aber das Bild vom dunklen Fleck finde ich sehr passend. In den Gesprächen vermittelt sich dann oft eine unendliche Schwere, wenn es um Beziehungsgestaltung geht. So ein Gefühl, als ob da so was Geheimnisvolles, Dunkles da ist.

Ich möchte aber ganz dringend noch was ergänzen: Wir haben eben über die falsche Macht gesprochen, die ein Kind bekommt, wenn es auf diesen Sockel gehoben wird. Das ist die eine Seite. Die andere Seite ist: Als Mädchen oder Junge in dieser Position mußt du dich *schützen*, sonst krepierst du.

Rolf Reinlaßöder: Wie kann das gehen? Da ist ja sogar der Schutz, den eigentlich die Eltern leisten sollten, in's Gegenteil verkehrt. Wie kann das ein Kind dann für sich selbst hinkriegen?

Brigitte Lämmle: Das Unglaubliche ist, daß diese Kinder doch eine Möglichkeit für sich entdecken, wie sie damit überleben kön-

nen. Viele fangen an, sozusagen auf zwei Ebenen zu agieren. Die sagen sich: *„Das, was hier unten auf dieser Erde mit mir passiert, das bin ich eigentlich gar nicht. Ich bin der abgelöste Teil da oben."*
Rolf Reinlaßöder: Traumtänzer.
Brigitte Lämmle: Genau! Ein schöner Begriff. Und ganz wichtig ist, daß das nicht abwertend gemeint ist! Dieses Traumtänzerische ist was sehr Schönes. Und es ist eine Möglichkeit, sich zu schützen, die leicht abrufbar ist. Dieses Leben auf zwei Ebenen, das kann ich auch bei den Gesprächen in unserer Sendung oft schnell raushören.

Die zweite Möglichkeit sich zu schützen, ist mindestens genauso wunderbar. Es ist die tiefe Liebe, die viele Mißbrauchte empfinden. Und erst, wenn wir Therapeuten das begreifen, werden wir unseren Klienten auch gerecht.
Rolf Reinlaßöder: Tiefe Liebe, zu wem? Zum Mißbraucher?
Brigitte Lämmle: Auch das. Du mußt ja das Elend für dich verkaufen können.
Rolf Reinlaßöder: Also in den Zeugenaussagen, die man bei spektakulären Prozessen von Mißbrauchsopfern liest, da ist ja nun von Liebe nicht viel spürbar.
Brigitte Lämmle: Das paßt ja auch nicht in unser Medienhirn rein.
Rolf Reinlaßöder: Ist das tatsächlich deine Erfahrung in der Praxis, daß die Opfer – so schlimm das alles war – sich sagen: *„Papa hat mich mißbraucht, aber trotzdem lieb' ich Papa"*?
Brigitte Lämmle: Zu Beginn der Therapie sicher nicht. Aber unter Umständen kann genau dieser Satz als Lösungssatz rauskommen. Kein Kind kann ohne Liebe überleben. Deshalb muß es sich gerade dann, wenn es mißbraucht worden ist, in ein selbsterschaffenes Koordinatensystem, ein *Konstrukt* von Liebe zurückziehen. Laß es mich ruhig mal pathetisch formulieren: Es steht uns an, mit Demut anzuschauen, wie ein Mensch so ein Schicksal überlebt hat, und nicht, das Grauen an die Wand zu malen: *„Boah, hast du was Furchtbares erlebt!"* Das ist das wirklich Verheerende an der haßtriefenden Diskussion, die zur Zeit zu diesem Thema läuft. Sie macht blind für die Lösungen. Die findet man nicht, wenn man nur empört auf den Schrecken schaut, sondern dann, wenn man an das anknüpft, womit sich das Kind damals selbst geschützt hat. Und da beobachte ich sehr, sehr häufig eine Identifikation. Entweder tatsächlich mit dem Täter

oder aber mit der Mutter. Sehr häufig stellt sich in der Therapie raus, daß der Satz „*Mama, ich hab' es für dich getan*" für die Mißbrauchten die Lösung gebracht hat. Damit kann man dann weiterarbeiten. Auch da schwingt wieder Liebe mit.

Rolf Reinlaßöder: Das heißt also, die therapeutische Haltung: „*Erst mußt du mal deine ganze Wut rauslassen, und dann kannst du deinen Mißbrauch aufarbeiten*", würdest du gar nicht einnehmen.

Brigitte Lämmle: Also, schon allein wenn ich den Satz höre: „*Du mußt an deinem Mißbrauch arbeiten*", da sträuben sich mir wirklich die Nackenhaare! Wer kann sich das anmaßen? Wer hat darüber zu entscheiden, wer was aufzuarbeiten hat? Jemanden in so ein „Aufarbeiten" hineinzutreiben, obwohl es für ihn oder für sie vielleicht besser wäre, die Erfahrung ruhen zu lassen, das halte ich bereits für den nächsten Mißbrauch! Gerade von Feministinnen wird das ja sozusagen zur politischen Pflicht erhoben, sich mit dem eigenen Mißbrauch auseinanderzusetzen. Ich glaube, das geht in die völlig verkehrte Richtung.

Nach meinem Gespür ist Behutsamkeit das oberste Gebot, wenn es um Mißbrauch geht. Nicht nur bei der Frage Therapie ja, oder nein, auch in der Therapie selbst. Erwachsene Klienten, die in ihrer Kindheit, ihrer Jugend, Mißbrauchserfahrungen gemacht haben, sollten da immer so eine Art Fernbedienung in der Hand haben. Sie sollten wie beim Fernsehen blitzschnell wegzappen können, wenn das „Programm" zu aufreibend wird. Auch damit stärkt man wieder den Selbstschutz.

Rolf Reinlaßöder: Du sprichst jetzt über die Therapie im Erwachsenenalter. Normalerweise bist du ja dafür, nicht erst irgendwann später mit Therapiemaßnahmen zu beginnen, sondern dann, wenn die Probleme entstehen, und zwar mit der ganzen Familie. Wie ist das in diesem Fall? Kann man mit Familien, in denen sexueller Mißbrauch vorkommt, Familientherapie machen?

Brigitte Lämmle: Ja, Rolf, das geht! Da kriegt man zwar meistens nicht gleich alle auf Anhieb an einen Tisch. Vielleicht machst du erst mal Vorgespräche nur mit der Mutter oder nur mit dem Vater. Manchmal ist es auch sinnvoll, im Team mit mehreren Therapeuten ranzugehen. Aber das Ziel ist tatsächlich, mit dem gesamten System zu arbeiten.

Rolf Reinlaßöder: Gleichzeitig ist sexueller Mißbrauch auch ein Verbrechen – im juristischen Sinn. Wie gehst du als Therapeutin damit um?

Brigitte Lämmle: Der Schutz, den der Staat vor sexuellem Mißbrauch leistet – sprich: die Täter ins Gefängnis schicken –, ist absolut richtig und wichtig.
    Trotzdem muß ich mir als Therapeutin anschauen: Wie wirken diese Maßnahmen aufs Familiensystem? Da gibts viele Möglichkeiten. Es kann zum Beispiel auch sein, daß dem Opfer dadurch, daß der Täter für drei Jahre in den Knast geht, noch zusätzlich Schuldgefühle auferlegt werden. Es kann aber auch genausogut sein, daß das Opfer das wirklich als Ableisten der Schuld anerkennen kann. Wenn es so ist, wäre der nächste Therapieschritt, das Opfer zu fragen: *„Sind zwei Jahre genug, oder vielleicht drei? Wann ist für dich die Schuld gesühnt?"*
    Aber auch auf der Täterseite beobachte ich manchmal die Selbstheilungskräfte: Angebote zur Wiedergutmachung, selbstauferlegte Sühnemaßnahmen. Ich hatte zum Beispiel mal eine Klientin, deren Vater – von dem sie mißbraucht worden war – hatte sich jahrelang fast aufopferungsvoll auf der ganzen Welt in einer Kinderhilfsorganisation engagiert. Mit einer enorm hohen Bereitschaft, auch bei so ganz riskanten Hilfsaktionen in Krisengebieten mitzumachen. Bei einer dieser Aktionen ist er dann tatsächlich auch ums Leben gekommen.
Rolf Reinlaßöder: Hat deine Klientin das auch so gesehen, als Buße?
Brigitte Lämmle: Am Ende der Therapie ja. Und durch diese Sichtweise konnte sie die Zeitbombe, die der Mißbrauch für sie bedeutete, entschärfen. Es war eine Möglichkeit, sich von der schweren Seite dieser Vergangenheit zu verabschieden. Darum geht es – nicht etwa um Mitleid mit dem Täter!
Rolf Reinlaßöder: Wollt' ich grade sagen: Das klingt ein wenig so, als wolltest du den reinwaschen!
Brigitte Lämmle: Das Opfer, nicht den Täter! *Dafür* braucht es die reinigenden Kräfte. Und ich setz' sogar noch eins drauf: In diesem Fall war es für meine Klientin reinigend, der Frage nachzugehen: *„Wie konnte er mir das antun?"* Diese Antwort zu finden, hat für sie die letzten Reste von Schmutz weggeschwemmt. Und die Antwort lag für sie in der Vergangenheit ihres Vaters. Der war in einem extrem streng geführten kirchlichen Waisenhaus großgeworden. Mit Schlafsälen für dreißig Kinder. Das oberste Gebot lautete da: „Hände auf die Bettdecke", denn sonst hätte man ja mit seinen Geschlechtsteilen was „Schmutziges" anstellen können. Und das hatte unweigerlich Prügel zur Folge. Ihr

Vater war also selbst in einem Klima großgeworden, in dem Sexualität und Gewalt extrem vermischt waren. Diese Bilder hat sie wie ein Puzzle zusammengesetzt – sie hat z. B. auch Fotos von Waisenhäusern aus dieser Zeit zusammengetragen – zu einem Bild des Elends ...

Rolf Reinlaßöder: Also doch Mitleid.

Brigitte Lämmle: ... aber eines, das für *sie* hilfreich war. Und noch sehr viel mehr als Mitleid. Ihren Vater so in seinem eigenen Elend zu erkennen, bewirkte auch, daß er keine Macht mehr über sie hatte. Sie konnte ihre eigene, erwachsene Kraft spüren.

Rolf Reinlaßöder: Brigitte, nochmal einen Schritt zurück: Damit den Opfern frühzeitig geholfen werden kann, oder vielleicht sogar der ganzen Familie, muß der Mißbrauch ja erst einmal aufgedeckt werden. Es kommt ja kein Täter freiwillig in die Therapie und sagt: *„Ich habe meine Nichte, oder meine Tochter mißbraucht, helfen Sie mir und meiner Familie!"*. Was sind verläßliche Indizien? Woran kann man als Außenstehender erkennen: *„In dieser Familie ist was faul."*

Brigitte Lämmle: Tatsächlich gibt's sehr wohl Mißbraucher, die den ersten Schritt gehen! Aber die Regel ist das wirklich nicht. In Familien, in denen Mißbrauch stattgefunden hat, gibt es unendlich viel Scham und deshalb die Tendenz, das unter 'ner Geheimnisdecke zu halten. Und da sind wirklich die Lehrer, die Kindergärtnerinnen, aber auch wir alle, als Nachbarn, als Mitmenschen aufgerufen, genau hinzuschauen.

Rolf Reinlaßöder: Und die Indizien?

Brigitte Lämmle: Ein wichtiges Indiz ist ein ungewöhnlich hohes Wissen des Kindes, was Sexual*begriffe* angeht und vor allem ein hohes Wissen über Sexual*praktiken*. Das kann man zum Beispiel in den Kinderzeichnungen entdecken, oder eben auch im Verhalten: Wenn z. B. der Genitalbereich übermäßig stark besetzt ist; der eigene oder der eines Kindergartenfreundes ...

Rolf Reinlaßöder: Moment mal, Doktorspiele macht doch fast jedes Kind.

Brigitte Lämmle: Die mein' ich auch nicht. Kinder entwickeln ihre eigenen Formen von Sexualität, z. B. das Doktorspielen. Völlig richtig. Hellhörig werde ich aber, wenn solche Spiele besonders aggressiv, fast gewalttätig gespielt werden. Und ein Alarmzeichen ist es, wenn Kinder eben keine *kindlichen* Verhaltensweisen zeigen, sondern eindeutig *erwachsene* Formen von Sexualität imitieren. Wenn sie also z. B. Oralsex nachspielen.

Dann gibt es auch noch Anzeichen, die weniger eindeutig sind. Kinder, die mißbraucht werden, sind meistens einfach verstört. Sie wirken häufig auf so eine ganz merkwürdige Art blaß – nicht nur äußerlich, auch innerlich. Und sie sind oft übertrieben angepaßt, haben dann aber wieder regelrechte Wutausbrüche.

Rolf Reinlaßöder: Auf der anderen Seite gibt's aber auch Kindergärtnerinnen, sobald bei denen mal ein Kind ungewöhnlich mit 'ner Puppe spielt oder sagt: *„Guck mal, mein Popo",* sagen die: *„Aha, Mißbrauch!"* Da herrscht ja teilweise 'ne ziemlich nervöse Stimmung.

Brigitte Lämmle: Grade deshalb sollte man sich an solche Indizien halten und versuchen zu unterscheiden, was ist kindliches Verhalten, und was nicht.

Es gibt aber auch den umgekehrten Effekt: Teilweise fällt es Kindergärtnerinnen und Lehrern tatsächlich sogar besonders *schwer,* in einem begründeten Fall dann auch zu sagen: *„Wir haben den Verdacht."* Es gibt ja mittlerweile diesen Mißbrauch mit dem Mißbrauch; so nach dem Woody-Allen-Mia-Farrow-Muster: Bei der Scheidung zu sagen: *„Du kriegst die Kinder nich', weil du an denen rumgefummelt hast!"*

Rolf Reinlaßöder: Wenn's ums Sorgerecht geht ...

Brigitte Lämmle: Na klar, knallharte Machtspielchen.

Rolf Reinlaßöder: ... der Vater, der einmal nackt ins Badezimmer gelaufen ist, hat plötzlich seine Tochter mißbraucht.

Brigitte Lämmle: Richtig. Knallharte Machtspiele können da laufen. Es ist wirklich schwirig, sich da zurechtzufinden, zu entscheiden: *„Bin ich jetzt übertrieben sensibel, oder ist wirklich was faul?"* Trotzdem möchte ich sagen: Mißbrauch bedeutet für die Betroffenen ein unendliches Leid. Deshalb: Aufmerksam sein, auf Indizien achten und lieber zehn mal zu oft Verdacht schöpfen, als einmal zu wenig.

Rolf Reinlaßöder: Brigitte, wir haben am Anfang gesagt: Der Großteil aller Mißbrauchsfälle geschieht in der Familie oder im engeren Umfeld. Laß uns noch kurz über den kleineren Teil der Fälle sprechen, in denen die Täter Außenstehende sind. Was können Eltern tun, um ihre Kinder zu schützen?

Brigitte Lämmle: Einen hundertprozentigen Schutz gibt es mit Sicherheit nicht. Aber das, was meine Mutter schon vor 45 Jahren mit mir gemacht hat, das hab' ich auch mit meinen Kindern gemacht. Ich hab' ihnen gesagt: *„Geh' mit niemanden mit, den du nicht kennst! Fall' auf keine Tricks rein! Wenn einer, den du nicht kennst, zu dir sagt: ‚Ich hol dich ab, weil deine Mama krank ist', dann glaub' ihm nicht! Denn wenn ich krank bin und dich nicht abholen kann, dann kommt der Papa, und wenn der Papa nicht kann, dann kommt dein Bruder"* usw. Also wirklich alle Situationen mit den Kindern durchspielen. Gemeinsam überlegen, wie ein Verführer oder eine Verführerin vorgehen könnte. Es ist zwar 'ne Plattitüde, aber in diesem Fall gilt der Satz *„Wissen ist Macht"*.

Rolf Reinlaßöder: Ich hab' da noch ein anderes Bild im Kopf: Die Eltern haben ihr Kind an der Hand und besuchen die Oma. Papa und Mama sagen: *„So, jetzt gib der lieben Oma ein Küßchen"*. Das Kind will aber nicht und sagt: *„Nee, ich mag nich'. Die Oma riecht immer so komisch."* Die Eltern: *„Komm schon, jetzt gib ihr ein Küßchen"* ... Glaubst du, daß es helfen kann, sowas grade zu lassen?

Brigitte Lämmle: Auf jeden Fall, Rolf! Und ich finde es gut, daß wir durch dieses Beispiel noch mal auf eine ganz weite Definition von Mißbrauch kommen. Mißbrauch fängt für mich auch da an, wo die Ekelgrenzen von Kindern nicht respektiert werden. Deshalb noch mal ein Appell – Mein Gott, jetzt hab' ich in diesem Gespräch schon so oft appelliert, da schadet's wahrscheinlich auch nicht, wenn ich's zum Schluß noch mal tu' *(lacht)*. Also: *„Respektiert die Grenzen eurer Kinder! Helft ihnen, ihre eigenen Grenzen zu erkennen! Dann werden sie auch lernen, diese Grenzen für sich zu verteidigen."*

Zum Weiterlesen

Sexueller Mißbrauch an Kindern
Dirk Bange, Günther Deegener
(Beltz Psychologie Verlags Union)

• Hier handelt es sich um ein Faktenbuch. Die Autoren befragten mehr als 1600 junge Erwachsene nach Mißbrauchserfahrungen in ihrer Kindheit. Ihre äußerst solide und selbstkritisch durchgeführte

Umfrage gibt Auskunft über das Ausmaß, die Hintergründe und die Umstände sexuellen Mißbrauchs von Kindern und Jugendlichen in den alten Bundesländern. Ein Buch, das einen Beitrag zur Versachlichung der Diskussion zu diesem Thema leisten will und kann. Wie alle *gut* gemachten Statistiken nicht ganz einfach zu lesen. Dafür aber wirklich seriös und umfassend.

Wo Worte nicht reichen
Thijs Besems, Gerry van Vugt
(Kösel Verlag)

• Thijs Besems und Gerry van Vugt sind Vertreter der Gestalttherapie, einer Richtung der humanistischen Psychologie. Ihr Buch zeigt, wie Gestalttherapie mit Mißbrauchsopfern aussehen kann. Die Therapiesituation wird klar und nachvollziehbar beschrieben, viele der Dialoge zwischen Therapeutenpaar und Klientin sind wörtlich wiedergegeben. Besems und van Vugt arbeiten mit einer bemerkenswerten Mischung aus Sensibilität und Beharrlichkeit, die trotzdem in jedem Moment die Kontrolle über die Situation bei der Klientin läßt. Wer sich mit dem Gedanken trägt, sich im Rahmen einer Psychotherapie mit eigenen Mißbrauchserfahrungen auseinanderzusetzen, wird sich nach der Lektüre dieses Buches ein recht konkretes Bild davon machen können, was in einer Psychotherapiepraxis passiert.

Sex, Liebe und Gewalt
Cloé Madanes
(Carl-Auer-Systeme Verlag)

• Ein Buch über therapeutische Strategien bei sexuellem Mißbrauch in der Familie. Und über die Möglichkeiten, in der Therapie nicht nur mit den Opfern, sondern auch mit den Tätern zu arbeiten. Cloé Madanes Modell gilt weltweit als eines der erfolgreichsten. Bei der Therapie von über 70 jugendlichen Sexualstraftätern gab es praktisch keine Rückfälle. Auch hier geben Fallbeispiele und Mitschriften einzelner Therapiesitzungen einen plastischen Eindruck von den Vorgängen in der Therapie.

Depression

GEDÄCHTNISPROTOKOLL BRIGITTE: EIN ANRUF IN „LÄMMLE LIVE"

Rolf moderiert: „Die nächste Anruferin ist 58 Jahre alt. Ihr Mann ist 66 und seit vier Jahren pensioniert. Seitdem er in Rente ist, hat er schwere Depressionen. Er war auch schon in psychiatrischer Behandlung und ist medikamentös eingestellt. Sie fragt: Gibt es für meinen Mann noch eine Chance?"

*Ich speichere: **Sie** ruft für **ihn** an. Sie beginnt zu erzählen. Sie spricht nur von ihm, nicht von sich ...*

Sie sagt: „Mein Mann hatte es in der Kindheit sehr schwer ..."

Ich spüre ihre Haltung gegenüber ihrem Mann: voller Anteilnahme, Rücksicht nehmend, verständnisvoll. Ich signalisiere, daß ich ihr zuhöre. Sage:

„Mhm ..."

Sie sprudelt weiter:

„... Ich kann ihn nicht alleine lassen ..."

Ein Bild entsteht: ein Fotoalbum. Viele Fotos sind eingeklebt, und auf jedem sind sie beide drauf. Kein einziges Bild, auf dem nur er oder nur sie zu sehen ist. Ich frage:

„Habt ihr Kinder?"

„Nein."

„Bist du berufstätig?"

Sie antwortet: „Nein, ich habe vor 13 Jahren aufgehört, weil ich meine kranken Eltern bis zu ihrem Tod gepflegt habe. Und danach kamen die Depressionen meines Mannes, da konnte ich nicht in die Arbeit zurück. Er mußte sogar selbst frühzeitig in Rente gehen."

Immer noch kein Bild, auf dem nur eine Person allein zu sehen ist. Ich spüre: Von selbst entsteht kein solches Bild. Also helfe ich nach.

„Mal angenommen, du ziehst das große Los: eine Woche auf Kreta, nur für dich, aber mit dem schönsten Animateur der Insel – jung selbstverständlich. Was würde dein Mann wohl in der Zwischenzeit tun?"

Sie sagt zögerlich: „Das weiß ich auch nicht ... Kreuzworträtsel lösen wahrscheinlich."

Ich spüre, ich bin auf der richtigen Spur, lege noch einmal nach.

„Er wähnt dich in den Armen deines Animateurs und löst Kreuzworträtsel? Meinst Du? Soll ich ihn mal selber fragen?"

Sie lacht.

Ich frage: „Hast du an ihn gedacht, jetzt grade?"

Sie sagt: „Ja."

Ich frage: „Wann hast du das letzte Mal an ihn gedacht und gelacht?"

„Ach, schon lange nicht mehr."

Ich spüre: das war viel zu schnell – sie stürzt wieder ab. So einfach kann sie das alte Muster nicht abgeben. Ich spüre: Hier ist die Grenze des Gesprächs. Ich kann nur die Richtung aufzeigen. Ich sage:

„Dann ist da ja eben fast ein kleines Wunder passiert. Kannst du dir vorstellen, gemeinsam mit deinem Mann an diesem kleinen Wunder zu arbeiten; in einer Paartherapie?"

Sie stimmt zu.

Rolf Reinlaßöder: Brigitte, jeder, der zum ersten Mal so etwas wie eine Depression erlebt, fragt sich: *„Was ist los mit mir, warum ist nichts mehr wie früher?"*. Was passiert in so einem Fall? Fliegt da einfach die Psyche aus der Kurve, oder hat das körperliche Ursachen?

Brigitte Lämmle: Da streiten sich die Geister. Das ist wirklich schwierig zu entscheiden. Tatsächlich haben wir es wohl immer mit beidem zu tun. Einerseits gehören zu jeder Depression bestimmte Denkmuster, bestimmte Erfahrungen und bestimmte Gefühle.

Andererseits, das sagen vor allem die Mediziner, gibt es auch bestimmte Veränderungen – ich sag's jetzt mal salopp – bei den Körpersäften. Wenn du mich jetzt fragst: *„Woher kommt's?"*, dann ist das so ein bißchen wie bei der Frage: *„Was war zuerst da, das Huhn oder das Ei?"*

Nimm zum Beispiel die bekannten Wochenbettdepressionen, die bei vielen Frauen kurz nach der Geburt eines Kindes auftreten: Hier hast du's natürlich auch mit einer Veränderungen bei den Hormonen zu tun. Gleichzeitig gibt's aber auch Riesenumstellungen in den Lebensumständen: Bei allen Glücksgefühlen hast du jetzt auch ein hilfloses Wesen im Arm, das völlig auf dich angewiesen ist. Genau das kann dir auch große Angst machen. Vielleicht hattest du früher schon einmal Angst vor großer Verantwortung. Und jetzt, wo du das wimmernde kleine Bündel vor dir siehst, wird diese Angst von früher wieder wachgerufen. Die Angst, dem nicht gewachsen zu sein, etwas falsch zu machen, das kann Depression als Verhaltensmuster auslösen.

Aber noch mal zurück zum Huhn und dem Ei. Ich glaube, bei Depressionen ist das so: Wichtig ist nicht, welche Vorstellung ist *wahr* – also: Liegt's an der Psyche oder an körperlichen Ursachen? – wichtig ist: Welche Vorstellung *hilft*, womit kann ich die Depression zum Verschwinden bringen?

Rolf Reinlaßöder: Was können denn solche hilfreichen Vorstellungen beispielsweise sein?

Brigitte Lämmle: Ich sehe Depression immer als eine Reaktion, als eine Haltung auf eine nicht verarbeitete Lebensphase an. Das ist mein Arbeitsmodell, mit dem komme ich sehr gut klar.

Rolf Reinlaßöder: Glaubst du, daß die Vererbung bei Depressionen eine Rolle spielt?

Brigitte Lämmle: Schon. Allerdings glaube ich nicht, daß das in unserem genetischen Programm festgeschrieben ist. Depressionen werden eher über unsere Verhaltensprogramme weitergegeben.

Ich beobachte bei depressiven Verstimmungen in den betroffenen Familien oft über Generationen hinweg immer gleiche

Muster: Am auffälligsten sind da ganz bestimmte *Sprach*muster – also welche Bilder und Ausdrucksweisen da verwendet werden. In solchen Familien findest du Sätze wie: *„Du wirst mal so schwermütig wie die Großmutter"*, oder *„Wenn du weiter so frech bist, werd' ich vom Balkon runterspringen"*, oder *„Du bist mein Sargnagel"*, oder *„Dann bring ich mich eben um."* Das heißt, in allen Streßsituationen reagiert man schwer abwertend. Und oft wird der Tod als mögliche Konsequenz dargestellt. Solche Sprachbilder sind deutliche Hinweise auf die Gemütsverfassung des Betroffenen und darauf, wie in diesen Familien miteinander umgegangen wird.

Da zeigen sich die depressiven Strukturen, und da werden sie auch weitergegeben. An die genetische Vererbung glaube ich nicht, auch wenn es viele kompetente Leute gibt, die das anders sehen.

Rolf Reinlaßöder: Geh'n wir mal von den Strukturen zum Einzelnen, zum Betroffenen. Was läuft bei einer Depression ab, was passiert da mit einem Menschen?

Brigitte Lämmle: Ich geb' dir mal ein Bild, um das ein bißchen klarer zu machen. Stell dir einen Zeichentrickfilm vor: Da sind fleißige Zeichner, die malen Bild für Bild für Bild. Diese einzelnen Bilder werden anschließend eins nach dem anderen abfotografiert, und so entsteht dann ein fließender Film. Wenn jemand depressiv ist, entsteht dieser fließende Film nicht. Es bleibt bei den Einzelbildern: Ein Bild und noch ein Bild und noch ein Bild ...

Diese Verlangsamung erzeugt unheimlich viel Unsicherheit. Nach jedem Einzelbild steht man wieder vor der Frage: *„Wie geht es weiter, wie geht es weiter, wie geht es weiter?"* Depressiv Verstimmte werden in ihrem Kopf permanent von Zweifeln beherrscht, bei jedem einzelnen Schritt. Dadurch, daß der Film nicht in Gang kommt, kann ich auch nicht sehen, auf was eine Entwicklung hinauslaufen könnte. Ich habe überhaupt keine Zielvorstellung. Deshalb fühle ich mich auch schon beim kleinsten Schritt überanstrengt.

Rolf Reinlaßöder: Aber warum ist das bei Frauen viel häufiger der Fall als bei Männern? Nach einer Untersuchung der Weltgesundheitsbehörde sind Frauen nämlich viermal so häufig depressiv wie Männer.

Brigitte Lämmle: Das hat seinen Ursprung auch wieder in den Kommunikationsmustern. In den meisten Familien werden Mädchen ganz andere Verarbeitungsmuster mitgegeben als den Jungs, was den Umgang mit Konflikten angeht. Wenn ein Mädchen zum Beispiel ein gespanntes Verhältnis zur Mutter hat, aggressiv ist, dann heißt es eher: *„Du bist noch mal mein Sargnagel"*, oder *„Tu das doch deiner Mutter nicht an!"* Dem Mädchen wird also vermittelt: *„Wenn du so bist, wie du bist, geht's deiner Mutter ganz, ganz schlecht."* Die Aggressivität wird dadurch eher nach innen gerichtet.

Bei den Jungs heißt es viel eher: *„Wie redest denn du mit deiner Mutter?"*, vielleicht sogar *„Laß das, sonst setzt's was!"* Da ist die Aggressivität auf beiden Seiten viel mehr nach außen gerichtet.

Rolf Reinlaßöder: Jährlich begehen fast 14 000 Menschen Selbstmord. Viele Untersuchungen belegen, daß die meisten dieser schwer depressiven Leute eine Woche vorher noch beim Arzt waren. Und der hat ihnen nur ein Kreislaufmittel verschrieben. Wieso ist es offensichtlich so schwer zu erkennen, in welcher Krisensituation diese Menschen wirklich stecken?

Brigitte Lämmle: Weil Depressive unendlich tapfer sind. Mir ist es ganz wichtig, auch den Angehörigen von Depressiven zu sagen: Da ist nicht einer, der kneift, sondern einer, der unendlich tapfer ist. Könnte man Depressionen mit Schmerzen vergleichen, dann müßten diese Menschen wirklich den ganzen Tag schreien, weil es so weh tut. Und diese Tapferkeit äußert sich auch darin, daß sie sich immer wieder vorwärts kämpfen.

Damit beginnt auch die Therapie: Depressiven Menschen zu erlauben, daß sie erschöpft sind. Oder besser: Ihnen zu helfen, sich das selbst erlauben zu können. Das ist oft gar nicht so einfach. Sie kämpfen und kämpfen, denn damit haben sie sich auch ein gesellschaftlich akzeptiertes Verhalten zugelegt – quasi eine Tarnung.

Rolf Reinlaßöder: Weil Depression in unserer Gesellschaft so negativ bewertet wird. Über Depression redet man nicht!

Brigitte Lämmle: Richtig! Und als Tarnkappe dient die Aussage: *„Irgendwie schaff' ich es ja doch noch ein bißchen."* Auch wenn sie zum Arzt gehen, sagen sie immer noch: *„Na ja, so schlimm ist es ja nicht, meine Frau hat mich geschickt."*

Dazu kommt, daß schwer depressive Menschen oft den allerletzten Rest ihrer Kraft mobilisieren, um zum Arzt zu gehen. Wenn sie diese letzte Reserve angezapft haben, wirken sie für den Moment sogar noch vital. Der Hilferuf, der damit verbunden ist, wird deshalb oft nicht erkannt. Fatalerweise treffen sie oft mit dem, was dann an Antrieb noch übrig ist, die letzte Entscheidung: sich umzubringen.

Rolf Reinlaßöder: Welche Rolle spielt das Umfeld? Während der Depressive sich wie in deinem Beispiel vom Zeichentrickfilm mit immer größeren Anstrengungen von einem Bild zum nächsten vorwärtskämpft, reagieren viele auf den Depressiven mit Sätzen wie: *„Was bist du für ein Tränensack, laß dich nicht so hängen, streng dich mal ein bißchen an!"* Oder es heißt: *„Dieser Seidenmalkurs bei der Volkshochschule wär' doch eine Perspektive für dein Leben."* Was wird da falsch gemacht?

Brigitte Lämmle: Ich glaube, auf Traurigkeit reagieren wir zwangsläufig erstmal mit dem Bedürfnis zu helfen. Ich unterscheide für mich drei klassische Möglichkeiten, bei Traurigkeit zu helfen.

Die erste heißt: *Ich zeig' dir die Sonne.* Das geht so: *„Rolf, nun guck doch mal, wie wunderschön die Sonne scheint, wie kannst du denn da traurig sein?"*

Zweite klassische Methode: *Ich mach' es für dich.* Also, ich nehme dir das einfach ab, was dir so schwerfällt.

Die dritte Methode ist wahrscheinlich die beliebteste. Ich führ' sie dir vor *(schreit): „Stell dich nicht so an!"*

Rolf Reinlaßöder: Ups ...

Brigitte Lämmle: Siehst du! So ein Push löst manchmal 'nen richtigen kleinen Adrenalinschub aus *(lacht).* Aber im Ernst: Tatsächlich werden Depressive in ihren Systemen – also zum Beispiel in der Familie oder unter den Kollegen – sehr häufig angeblafft. Es gibt sehr viel Streit. Und dabei gibt es auch immer wieder diesen Push, hochzugehen. Da kommen wir jetzt zu den Funktionen, die eine Depression im System haben kann. Laß uns mal spielen ...

Rolf Reinlaßöder: Gut, was muß ich tun?

Brigitte Lämmle: Also: Stell dir vor, du bist mein Partner, und ich habe eine schwere Depression. Die liegt jetzt hier wie ein dicker schwerer Bleiklotz zwischen uns. Du würdest jetzt impulsiv versuchen, mir die Depression abzunehmen. Du greifst also nach dem Bleiklotz und wendest zum Beispiel Strategie Nummer eins an. Du sagst: *„Schau, die Sonne."* In unserem Fall also vielleicht: *„Aber du bist doch so erfolgreich, Brigitte ..."* oder so ähnlich. Meine Depression ist aber hartnäckig, und so schnell geht sie nicht weg. Also greif' ich auch nach dem Klotz und erklär' dir, daß das ja gar nichts damit zu tun hat. Daß ich mich gar nicht über meinen Erfolg freuen kann oder daß er mir nichts bedeutet. Also versuchst du Methode zwei ...

Rolf Reinlaßöder: *(schreit)* Jetzt reicht's! Reiß dich endlich mal zusammen! *(lacht)* Methode drei gefällt mir besser ...

Brigitte Lämmle: O. K., eins zu eins *(lacht)*. Aber hast du gemerkt: Plötzlich sind wir beide nur noch mit meiner Depression beschäftigt.

Rolf Reinlaßöder: So 'ne Art Tunnelblick: Wir schauen beide nur noch auf den Bleiklotz zwischen uns.

Brigitte Lämmle: Exakt. Wir sind nur noch mit dem beschäftigt. Wenn ich Leute, die mit diesem Problem in meine Praxis kommen, frage: *„Wieviel Prozent eures Ehelebens ist auf diese Depression konzentriert?"* Dann bekomme ich ganz häufig zu hören: *„90 Prozent."*

Und jetzt passiert was ganz Witziges. Wir tun jetzt einfach mal so, als ob die Depression weg ist. Der Bleiklotz ist weggerollt. Statt dessen liegt da jetzt ein leeres Blatt Papier. Was heißt das jetzt für uns? Die Depression ist nicht mehr das Thema. 90 Prozent unserer Zeit haben wir uns mit unserem Bleiklotz beschäftigt, und jetzt ist er nicht mehr da ...

Rolf Reinlaßöder: Und wir haben 90 Prozent von dem verloren, womit wir uns gemeinsam beschäftigt haben.

Brigitte Lämmle: Genau! Damit müssen wir jetzt zurechtkommen. Das vorzubereiten ist ein ganz wichtiger Schritt im System: Erst ganz genau hinzuschauen, was wäre, wenn die Depression verschwinden würde, und dann ganz peu à peu was Neues aufbauen, das ist der Weg.

Rolf Reinlaßöder: Wenn die Depression so eine wichtige Aufgabe hat, *will* man sie denn dann überhaupt loswerden? Gibt's da auch Widerstände?

Brigitte Lämmle: Massive Widerstände sogar – wenn man den Schritt nicht vorbereitet. Da passieren die tollsten Sachen: *„Ja, du willst mir ja auch die Depression nehmen, du hast ja 'nen Vogel, ich will* meine Depressionen behalten, misch dich nicht in mein Leben ein, geh ja nicht über meine Grenzen weg!"

Und was wir bisher erläutert haben, ist längst nicht der einzige Grund für solche Widerstände. Es gibt auch andere. Um die zu finden, muß man sich fragen: „Was drückt die Depression aus? Für was steht sie? Wann hab' ich zu diesem Verhaltensmuster – letztendlich unbewußt – gefunden? Wo hat es für mich seinen Stellenwert bekommen? Um was trauere ich vielleicht wirklich noch? Wovor schützt mich die Depression vielleicht sogar?"

Rolf Reinlaßöder: Du sagst, das sei unbewußt. Kann man so was selbst rausfinden und sich an den eigenen Haaren aus der Depression herausziehen? Oder gibt's irgend etwas, woran der Depressive merken kann: „Jetzt brauch' ich Hilfe, das schaff' ich alleine nicht."?

Brigitte Lämmle: Mir ist ganz wichtig, zu vermitteln, daß bei den meisten die Schwelle eher zu hoch liegt. Man muß nicht erst halb tot sein vor Angst, bevor man zu einem Therapeuten geht. Also: Woran erkenn' ich, daß ich zum Therapeuten muß? Die Frage ist schwer zu beantworten. Das muß jeder selbst entscheiden. *Empfehlen* würde ich es auf jeden Fall dann, wenn sich jemand so fühlt wie in dem Beispiel mit dem Zeichentrickfilm …

Rolf Reinlaßöder: … wenn das Leben nur noch aus Einzelbildern besteht statt aus Bewegungen.

Brigitte Lämmle: Genau. Und auch starke körperliche Symptome sind ein Punkt, der Psychotherapie nahelegt. Schwere Schlaflosigkeit zum Beispiel. Versteh' mich nicht falsch: Nicht jeder, der schlecht schläft, ist automatisch depressiv, aber das kommt zum Gesamtbild dazu. Und da ist dieses permanente Gefühl der Überanstrengung am wichtigsten: Alles ist bleiern anstrengend, auch die Beziehung, das ganze Leben, jeder Schritt.

Das sind alles Indizien. Und ich sag' noch mal, man sollte diese Schwelle nicht zu hoch legen. Lieber zu früh als zu spät zum Therapeuten gehen.

Rolf Reinlaßöder: Was würdest du denen raten, die zwar ab und zu niedergeschlagen und verstimmt sind, die aber das Gefühl haben, daß sie ohne therapeutische Hilfe zurechtkommen?

Brigitte Lämmle: Dasselbe! *(lacht).* Nein, jeder von uns hat ja so 'ne Art Sinuskurve, was die Gefühle und Stimmungen betrifft. Schon allein im Tagesverlauf haben die meisten von uns charakteristische Stimmungsverläufe – mich solltest du morgens besser auch nicht vor der zweiten Tasse Kaffee ansprechen. Es gibt aber auch größere Zyklen, zum Beispiel den Jahresverlauf. Es gibt ja auch typische Winterdepressionen, die eindeutig was mit Lichtmangel zu tun haben. Und über Monatszyklen muß ich ja eigentlich nix erzählen – jedenfalls den Frauen nicht. Es gibt eine Menge solcher Kurvenverläufe. Mit Sicherheit ist es sinnvoll, wenn man sich mal hinsetzt und sich überlegt: Wann ging's mir besser, wann ging's mir schlechter, was sind „meine" Tages-, was sind „meine" Jahreszeiten. Wenn man seine eigenen Rhythmen kennt, ist man von Stimmungsschwankungen, die man sonst nicht erklären kann, auch weniger verunsichert.

Bei den Leuten, nach denen du mich jetzt fragst, bei denen haben diese Kurven sozusagen Ausbuchtungen nach unten, der Aufstieg ist mühsamer, und die Ausbuchtungen nach oben werden flacher. Und da bleibe ich trotz allem hartnäckig: Wenn das so ist, und wenn jemand das Gefühl hat, der Kreis wird enger, dann würde ich dazu raten, mit jemand Professionellem darüber zu reden.

Rolf Reinlaßöder: Aber was hakt da aus? Wieso wird aus dem üblichen, mehr oder weniger sanften Auf und Ab plötzlich eine Achterbahn, bei der die Täler tiefer sind als die Berge hoch?

Brigitte Lämmle: Dafür gibt es etwa so viele Gründe, wie es Depressive gibt. Aber mit hundertprozentiger Überzeugung kann ich sagen: Es gibt irgendwo im Leben eines Depressiven eine Lebensphase, die nicht richtig abgeschlossen wurde. Und das gilt wirklich für alle.

Ich versuch's mal mit einem Beispiel zu erklären: Stell dir eine ältere Frau vor, die eine – sagen wir mal – fünfunddreißigjährige Tochter hat. Beide leben in einem ungelösten Konflikt miteinander, der sich seit der Kindheit der Tochter hinzieht. Vielleicht hat die Tochter mittlerweile Schwierigkeiten in ihren Partnerschaften mit Männern, und darauf reagiert sie mit so einer Vorwurfshaltung gegenüber ihrer Mutter: *„Du bist schuld, daß es mir so schlecht geht. Ja, wenn du damals nicht alles falsch gemacht hättest ..."*

Für die Mutter hat das zur Folge, daß sie eine Lebensphase nicht richtig abschließen kann: eben ihre Phase als Mutter. Natürlich bleibt sie immer die Mutter ihrer Tochter, aber wenn die erstmal erwachsen ist und aus dem Haus, dann treten wieder andere Dinge in den Vordergrund. Die Phase des *Hauptsächlich-Mutter-Seins* geht zu Ende. Aber nicht in unserem Beispiel. Die Tochter verweigert ihr ja hartnäckig die Anerkennung und die Würdigung als Mutter, und ohne das kann sie – die Mutter – dieses Lebenskapitel nicht abschließen. Beide leben sie so in einem tiefen Kriegszustand.

Jetzt kommt noch dazu, daß in der Ursprungsfamilie der Mutter diese „depressive Kommunikationshaltung" geherrscht hat, von der wir vorher schon gesprochen haben – also daß man auf Spannungssituationen sehr schnell mit Bildern von Aussichtslosigkeit und Tod reagiert. Und die Mutter wird depressiv.

Diese beiden Sachen gehören für mich bei fast allen Fällen von Depression zusammen: Das Aufwachsen in so einem speziellen, resignierten Kommunikationsklima und Umstände, unter denen eine bestimmte Lebensphase nicht abgeschlossen werden kann.

Rolf Reinlaßöder: Wieviel hat Depression mit Selbstwertgefühl zu tun? Die Frau in deinem Beispiel fühlt sich ja bestimmt auch in ihrem Selbstwert angegriffen, wenn ihr die Akzeptanz als Mutter verweigert wird. Wie ist das in anderen Fällen? Kommt zuerst so was wie ein mangelndes oder angeknackstes Selbstwertgefühl und dann die Depression, oder ist man erst depressiv, und das wirkt sich dann aufs Selbstwertgefühl aus?

Brigitte Lämmle: Daß du jetzt mit dem Wort *„Selbstwertgefühl"* daherkommst, zeigt, daß dir depressives Erleben doch ziemlich fremd ist ...

Rolf Reinlaßöder: ... das bedrückt mich jetzt aber ...

Brigitte Lämmle: ... na also! *(lacht)* ... Aber im Ernst: Ich glaube, daß bei schweren Depressionen die inneren Barrieren viel, viel früher auftauchen. So etwas wie Selbstwertgefühl liegt für die meisten Depressiven in weiter Ferne, fast wie in einer anderen Welt. Die fühlen sich eher, als würden sie in ihrem Kopf Kettenkarussell fahren, mit Gedanken, die immer wiederkehren und trotzdem keine Lösung bringen. Oder wie in einem Tunnel, in dem es so finster ist, daß ich nicht mal sehen kann, was der nächste Schritt sein könnte. Gerade in dieser Unsicherheit über den nächsten Schritt kann man sehen, wie weit weg die meisten von

Selbstwergefühl sind, wenn sie sich in einem solchen Zustand befinden. Bei vielen Depressiven schlägt genau an der Stelle nämlich ein ganz perfides Bewertungssystem zu. Die gehen manchmal mit sich selber um, wie die gemeinsten Pauker mit ihren Schülern. So nach dem *„Setzen, sechs!"*-Prinzip. Oft ist da die Vorstellung ganz tief verwurzelt, daß man mit einer Handlung entweder genau *richtig* oder völlig *falsch* liegen kann. Dazwischen gibt es für viele Depressive nichts. Und weil weder das *nur* Richtige noch das *nur* Falsche herausgefunden werden kann, geht irgendwann gar nichts mehr. Das Differenzieren fällt unheimlich schwer.

Auch das Differenzieren zwischen sich selbst und den anderen: Wenn es einer depressiven Frau gelingt, eine Haltung einzunehmen, die es ihr erlaubt zu sagen: *„Es ist o. k., daß mein Mann erfolgreich ist, u n d es ist o. k., daß ich gerade durchhänge"*, dann ist schon viel geschafft.

Rolf Reinlaßöder: Wie kommt man da hin? Was tust du in der Therapie, um das zu erreichen?

Brigitte Lämmle: Auf keinen Fall wird man eine Depression über Anstrengung los. Das will ich nochmal unterstreichen. Der erste Schritt heißt auf jeden Fall *Entlastung*, denn Depressive müssen sich schon genug anstrengen, um einfach nur den üblichen Alltag zu meistern.

Über den Einsatz von Medikamenten wird ja in diesem Zusammenhang viel diskutiert. Für mich haben Antidepressiva an diesem Punkt ihre Berechtigung. Allerdings nur dann, wenn das von einem Facharzt begleitet wird, der wirklich was davon versteht, und wenn das Pillenschlucken auf diese Entlastungsphase begrenzt bleibt. Außerdem gibt es auch andere Methoden.

Ich habe in der Praxis z. B. erfahren, daß oft auch Symbole sehr hilfreich eingesetzt werden können. Wenn ich mir also meinetwegen einen Sessel aussuche und sage: „In diesem Sessel *darfst* du schwermütig sein.", „Du darfst dich krankschreiben lassen." usw ...

Rolf Reinlaßöder: Das klingt jetzt erstmal nicht sehr nach Lösung.

Brigitte Lämmle: Ich weiß, Rolf. Und trotzdem ist es als erster Schritt dringend nötig – einfach um den Druck auf ein erträgliches Maß runterzufahren. Dein psychischer Apparat schreit in der De-

pression sozusagen nach einer Erholungsphase. Das Beste ist, wenn er sie kriegt. Danach muß natürlich ein zweiter Schritt kommen, und der heißt für mich: Abklärung der Lebensphasen.
Rolf Reinlaßöder: Wie geht das?
Brigitte Lämmle: Wie erklär' ich das? Am besten mit einem Beispiel aus meiner Praxis. Das zeigt auch nochmal, wie sich die Ursachen von Depressionen über mehrere Generationen verteilen können. Paß auf:

Eine junge alleinerziehende Mutter – vielleicht so 28 Jahre alt – kommt in die Therapie. Sie sagt von sich selbst, sie sei depressiv, und die Gründe dafür liefert sie gleich mit: Ihr fehlt der Vater fürs Kind. Sie ist überfordert. Alles muß sie selbst entscheiden, und dabei ist es furchtbar schwer, die richtigen Entscheidungen zu treffen ...

Rolf Reinlaßöder: Das „Ich-muß-alles-genau-richtig-machen"- Motiv ...
Brigitte Lämmle: ... genau das! Volltreffer! Nach ein paar Sitzungen stellt sich heraus, daß sie selbst das „Produkt" eines Abenteuers für eine Nacht ist. Ihre Mutter hatte sich bis dahin immer als das Opfer eines gnadenlos schlechten Mannes dargestellt, der sie erst verführt und dann sitzengelassen hatte. Einer der Therapieschritte ist jetzt, den Vater ausfindig zu machen. Das gelingt auch. Und die Mutter rückt mit der Zeit mit immer mehr Details raus: Daß sie z. B. ein „spätes Mädchen" war und erst mit 39 den Männern, sozusagen wie eine reife Pflaume, in die Hände gefallen ist.

Durch diese Offenheit kommt plötzlich ein sehr inniger Kontakt zwischen Mutter und Tochter zustande. Sogar die Beziehung zwischen der Mutter der Klientin und dem Kind der Klientin, also zwischen Oma und Enkelkind, wird besser. Vorher liefen die Gedanken der Großmutter etwa so: *„Jetzt nehm' ich das alles für meine Tochter in Kauf, und wie dankt sie's mir? Kommt selbst mit so einem Wechselbalg daher ..."* Das war natürlich auch eine Barriere. Durch die Offenheit, die jetzt neu entstanden ist, kann sie diese Gedanken aufgeben und ihr Enkelkind annehmen. Sogar einen Teil der Betreuung übernimmt sie mit.

Rolf Reinlaßöder: Und die Depression der Tochter?
Brigitte Lämmle: Das ahnst du natürlich längst: Die ist zu diesem Zeitpunkt schlicht kein Thema mehr.

Rolf Reinlaßöder: Das heißt, die Tochter wurde depressiv, weil die Mutter eine Lebensphase nicht abgeschlossen hatte?
Brigitte Lämmle: Exakt. Und natürlich war das Geheimnis um den Vater auch für die Tochter ein Lebenskapitel ohne Schluß. Die Phase, wenn du so willst, war also für beide – jeweils auf ihre Art – nicht abgeschlossen. Genau das sind die Schaltstellen zwischen den Generationen, an denen Depressionen weitergegeben werden; und andere problematische Erscheinungen übrigens auch. Du siehst also auch hier noch mal: Mit „Vererbung", wie man sich das normalerweise so vorstellt, hat das ziemlich wenig zu tun.
Rolf Reinlaßöder: Stichwort „Weitergeben". Kinder können also schon in ganz frühem Alter Probleme übernehmen, die die Eltern unter Umständen ganz gut verdrängt haben. Gibt es da Alarmklingeln, die einen hochschrecken lassen sollten?
Brigitte Lämmle: Bei Kindern ist z. B. ein hohes Alarmzeichen, wenn sie sich von ihrem Haustier verabschieden.
Rolf Reinlaßöder: Wie das? Sagen die wirklich förmlich der Katze: *„Tschüs, Katze, ich geh' jetzt"*?
Brigitte Lämmle: Das gibt's! Oder sie sagen der Mutter: *„Paß du auf meine Katze auf"*. Das kann natürlich Verschiedenes bedeuten. Wir müssen auch ein bißchen aufpassen, daß wir jetzt nicht die Pferde scheu machen. Vielleicht heißt das tatsächlich nur *„Mama, mach mal 'ne Dose Killekatz auf"*. Es kann aber auch heißen: *„Mama, ich übergebe dir meine liebe Katze, paß auf sie auf, wenn ich nicht mehr da bin ..."*
Rolf Reinlaßöder: Das ist ja jetzt schon die Riesenalarmsirene, die da heult. Gibt's denn auch kleinere Anzeichen? Gibt's Veränderungen im Verhalten, beim Malen, beim Spielen, die einen aufhorchen lassen sollten?
Brigitte Lämmle: Schon, aber das ist alles mit Vorsicht zu genießen. Es gibt kein Zeichen, das für sich genommen bedeutet: „Mein Kind ist depressiv". Es geht immer um den Gesamtzusammenhang – den Satz kennst du ja schon *(lacht)*. Sehr genau hinsehen würde ich, wenn ein Kind sich aus Kontakten zurückzieht, sich von Freunden absondert, sich in sein Zimmer verkriecht. Selbstverständlich sollte man auch da die Gegenprobe machen. Vielleicht ist das Ganze einfach eine Pubertätserscheinung. Da gibt

es Zeiten, in denen das eigene Zimmer wirklich mein einziger Schutz als Jugendlicher ist. Wenn man sich in der Einschätzung nicht sicher ist, sollte man als Eltern wirklich versuchen, ein Gespräch zu führen. Wenn's geht, auch nicht im Stil „*Jetzt aber raus mit der Sprache, was ist denn hier eigentlich los ...*"

Rolf Reinlaßöder: Dann geht die Klappe ganz zu.

Brigitte Lämmle: Aber mit Schmackes! Waff! Dann ist die Tür sofort zu. Nein, man sollte einfach versuchen, gut zuzuhören. Wenn dann solche Sätze kommen wie: „*Ach, es hat ja eigentlich gar keinen Sinn mehr.*", oder „*Manchmal denk' ich mir, wenn ich tot bin, dann hättet ihr auch eure Ruhe.*"; also wenn solche Sprachbilder noch dazukommen, dann sollten die Alarmanlagen wirklich laut läuten.

Rolf Reinlaßöder: Ich hab' mich ja vorhin schon mal leicht abfällig über den obligatorischen VHS-Seidenmalkurs geäußert. Das ist so ein Klischee – ich hab ja nicht wirklich was gegen Seidenmalerei. Häufig gibt's ja im Umfeld von Depressiven so ein Bemühen, ihn oder sie zu Aktivitäten zu ermuntern.

Brigitte Lämmle: Scheinbar bist du mittlerweile besänftigt. Jetzt bist du – Gott sei Dank – wieder bei Strategie 1 „*Ich zeig' dir die Sonne*" (lacht).

Das Helfen- und Aufheiternwollen ist ein starker Impuls, und das ist gut so, wenn man jemanden trösten will, der einfach nur traurig ist. Bei Depressionen mit tieferen Ursachen bringt das wenig. Und gerade weil sich nichts ändert, und gleichzeitig der Impuls zu helfen so stark ist, läuft man Gefahr, es immer und immer wieder zu versuchen. Und schon dreht sich alles nur noch um die Depression. Das macht sie stabil.

Rolf Reinlaßöder: Soll man etwa einfach so tun, als gäb's die Depression gar nicht?

Brigitte Lämmle: Jedenfalls sollte man sie nicht zum Hauptthema der Partnerschaft werden lassen.

Rolf Reinlaßöder: Brigitte, einen Tip, wie man möglichst lange in der Depression hängenbleibt.

Brigitte Lämmle: Das ist eine wirklich tolle Frage. Wenn man sich die als Depressiver selbst beantworten kann, ist man der Lösung ein Riesenstück näher. Dann weiß man nämlich auch viel besser, wie man's auch lassen kann. Die gleiche Frage stelle ich allen meinen Klienten, und jeder hat einen ganz individuellen

Weg, in die Depression reinzugehen und einen genauso individuellen Weg, um wieder aus ihr rauszufinden. In Bausch und Bogen kann man darauf schlecht Antwort geben. Sei deshalb nicht verärgert, wenn ich die Frage so nicht beantworte, sondern sie sozusagen weitergebe. Und es ist mir wichtig, noch mal zu unterstreichen, daß diese Frage überhaupt nicht als Spott gemeint ist. Im Gegenteil. Ich sage all meinen Klienten: *„Behalte die Depression, solange du sie brauchst, und schmeiß sie raus, wenn du sie nicht mehr brauchst."* Wie das geht, da sind die Antworten ganz, ganz unterschiedlich.

Zum Weiterlesen

Welchen Sinn macht Depression?
Daniel Hell
(Rowohlt Verlag)

• Zwei Faktoren unterscheiden Daniel Hells Buch von den meisten anderen, die zum Thema Depression erschienen sind. Der erste ist schon im Titel angedeutet: Hell sieht die Depression nicht nur als „Defekt", der möglichst schnell repariert werden muß. Sie ist für ihn ein Phänomen mit einem *Sinn*, der sich herausfinden läßt. Zum zweiten versucht er, nicht nur *psychologische* und *biologische* Erklärungsweisen zu einem integrativen Ansatz zu vereinigen, sondern berücksichtigt auch die *kommunikative* Seite, von der im letzten Kapitel hauptsächlich die Rede war: Welche Rolle die Depression z. B. zwischen Partnern und innerhalb von Familien spielen kann.

Lernschwierigkeiten

Gedächtnisprotokoll Brigitte: Ein Anruf in „Lämmle live"

Rolf moderiert: „Die nächste Anruferin ist 40 Jahre alt. Sie hat drei Kinder. Zwei Töchter, die älteste und die jüngste, und einen Sohn in der Mitte. Der ist jetzt neun Jahre alt und versagt in der Schule völlig, obwohl er alle Fähigkeiten hat. Was kann sie tun?

Sie sagt: „Ich weiß nicht mehr weiter. Ich hab's mit allem versucht. Mal mit Strenge, mal mit Geduld. Aber nichts fruchtet."

Ich höre eine sehr energische Stimme. Ich denke: ‚die Mutter der Kompanie' und ‚die schafft für ihren Sohn'. Ich möchte wissen:

„Gibt's einen Vater?"

Sie sagt: „Ja, der arbeitet unter der Woche auswärts, und ich bin dann mit den Kindern allein."

Ich spüre Bewunderung für die Anruferin. Sie schafft das alles allein. Ganz selbstverständlich. Kein Wort der Klage. Ich frage mich: Welche Rolle hat der Vater in der Familie, grade wenn's um den Sohn geht? Ich frage:

„Und wie ist es am Wochenende?"

Sie sagt: „Manchmal machen wir Familienausflüge. Aber meistens bauen wir das Haus aus, gemeinsam mit den Schwiegereltern."

Immer noch keine Auskunft über den Vater. Ich spüre: Noch eine Nachfrage wird sie provozieren. Ich gehe das Risiko ein und frage:

„Wenn ich deinen Sohn fragen würde: Wie siehst du deinen Papa? Was würd' er da wohl antworten?"

Sie antwortet: „Ist der Vater denn so wichtig?"

> *Das klang wie eine Ohrfeige. Dabei habe ich das Gefühl, sie trifft nicht mich sondern den Sohn. Ich gebe die Frage zurück:*
>
> „Was meinst *Du* denn: Ist der Vater wichtig?"
>
> *Ich spüre, sie ist einen Moment verdattert. Nach einer Pause antwortet sie beinahe hilflos:*
>
> „… aber er ist ja so gut wie nie da."
>
> *Ich spüre: Heimlich hat sie ja gesagt, der Vater ist wichtig. Wenn ich versuche, dieses „Ja" aus der Heimlichkeit herauszuzerren, wird es wieder ein „Nein". Deshalb sage ich neutral, als Fachfrau:*
>
> „Es ist ganz oft so, daß Söhne mit ihrer Leistungsverweigerung nach dem Vater rufen. Kannst du damit was anfangen?"
>
> *Sie springt drauf an. Ich beende das Gespräch.*

Rolf Reinlaßöder: Scheiß Schule! Scheiß Lehrer! Scheiß Eltern! Ich kenne kaum eine Familie mit schulpflichtigen Kindern, in denen die Schule nicht früher oder später zum Schlachtfeld von Machtkämpfen wird – zu Machtkämpfen zwischen den Kindern und den Eltern.

Spätestens, wenn es Fünfen hagelt, wenn die Schwierigkeiten beim Lernen offensichtlich werden. Da werfen die Eltern den Kindern dann vor, nur zu faul zu sein, da beschweren sich die Kinder, daß sie nicht genug Freizeit haben, und da laufen sogar bedenkliche Koalitionen zwischen der Schule und den Eltern gegen den Schüler.

Brigitte Lämmle: Ganz recht. Ganz oft wird in Familien die Schule zu einem Koloß erhoben, der das Kind erschlägt. Ich halte es für grundfalsch, wenn Eltern versuchen, ihr Kind mit allen Mitteln auch vor schulischen Mißerfolgen zu bewahren. Wie oft läuft es nach dem Motto: *„Hauptsache, du machst deine Sache in der Schule gut"*. Das reduziert die Beziehung, die Wertschätzung zwischen Eltern und Kindern auf dieses eine Leistungsspektrum.

Es ist wenig fruchtbar, sich darüber zu kloppen, wer denn jetzt nun eigentlich die Pfeife ist – der Lehrer, die Schule, die Eltern oder die Kinder. Im Grunde geht es doch darum: *„Wie* *kann mein Kind erwachsen werden, in einem Rahmen aufwachsen, daß es später mal selbständig wird?"* Bei Schule und schulischer Leistung muß man das immer im Auge haben. Das Lernen ist ganz entscheidend gekoppelt an die Motivation. Lernschwierigkeiten entstehen ja dann, wenn eine Norm, die eine ganze Menge Eltern, die Schule und die Gesellschaft eigentlich anerkennen, nicht erbracht wird. Wie finde ich als Schüler mit diesen Normen, mit diesem *Arbeiten-in-einer-Gemeinschaft* meinen Weg? Dahin zu kommen, das ist ein riesiger Schritt in die Selbständigkeit.

Rolf Reinlaßöder: Das ist ein weiter Weg, auf dem die Kinder auch die Unterstützung ihrer Eltern brauchen.

Brigitte Lämmle: Einerseits – andererseits! Klar muß man den Kindern gerade in den ersten Schuljahren einen gewissen Tagesrhythmus vorgeben – also zum Beispiel nach dem Mittagessen eine halbe Stunde Pause machen, dann die Schulaufgaben, dann rausgehen zum Spielen. Freilich den Elternsprechtag aufsuchen und Kontakt zu den Lehrern halten. Das machen ja auch die meisten.

Und dennoch können Lernschwierigkeiten auftreten. Lernschwierigkeiten, Versagen in der Schule, kann in einem Familiensystem nämlich ein *Symptom* sein, das sehr viel mehr ausdrückt als nur die offensichtliche Tatsache, daß da ein Schüler mit der Leistung nicht mitkommt.

Rolf Reinlaßöder: Meinst du damit, daß über die Lernschwierigkeiten deutlich wird: Hier läuft in der Familie was krumm? Kannst du mir das ein bißchen deutlicher machen?

Brigitte Lämmle: Laß mich mal mit einem ganz harten Fall anfangen, den ich vor einiger Zeit erlebt habe: Zu mir in die Therapie kam ein Drittkläßler. Den hatte das Jugendamt geschickt. Das war ein ganz aufgewecktes Kerlchen, und die Lehrer konnten sich nicht erklären, warum der so schlechte Leistungen brachte. Da war eine auffällige Diskrepanz zwischen seinen Fähigkeiten und seinen Leistungen. Mit in die Beratungsstunde kam die Mutter mit ihrem derzeitigen Lebensgefährten. Die Frau war süchtig, und ich habe dann erfahren, daß der Junge auch eine Schwester gehabt hat, die durch einen Unfall ums Leben gekommen war. Also eine ganz dramatische Geschichte. Zusätzlich saß der Vater dieses Drittkläßlers wegen Totschlags im Gefängnis. So weit, so schlimm.

Ich hatte vorher schon darum gebeten, daß der Junge seinen Schulranzen mitbringt. Und dann habe ich ihn gefragt *„Zeigst du mir mal die Hefte, ich würd' gern mal schauen, wie die aussehen."* Ich schlag' die Hefte auf und – bei aller Schwere dieser Familie – krieg' einen solchen Lachkoller, daß ich gar nicht mehr aufhören konnte. So was hast du noch nicht gesehen! Das muß eine Anstrengung gewesen sein, diese Deutschaufsätze so schlecht zu schreiben – das kannst du dir kaum vorstellen. Zwischendurch verriet er nämlich durchaus eine hohe Schreibkompetenz und am Ende merkte man, wie der richtig Fehler reingehauen hat.

Rolf Reinlaßöder: Wie hat der Junge auf deinen Lachanfall reagiert?

Brigitte Lämmle: Der hat erst mal ganz irritiert geguckt. Der wollte im ersten Moment gar nicht glauben, daß da einer wirklich von Herzen lacht. Dann hat er auch unendlich das Lachen angefangen, und wir haben erst mal eine Weile darüber geredet, wie er das schafft, so zu versagen. Daß das ja eine wahre Kunst ist. Wie er sich dafür angestrengt haben muß.

Rolf Reinlaßöder: Dann war das also gar keine Lernschwäche?

Brigitte Lämmle: Nein, war es nicht. Der Junge hat alles – ohne daß ihm das natürlich bewußt war – drangesetzt, damit das Bild entsteht: *„Ich bin lernschwach ..."*

Rolf Reinlaßöder: „... dann kümmert sich jemand um mich?"

Brigitte Lämmle: Nicht ganz. Du darfst da die Lebensumstände in der Familie nicht außer acht lassen. Hol' dir dieses Bild des Dramas noch mal in den Kopf – da waren Lebensdramen, da ging es wirklich um Leben und Tod. Von der Mutter kam in dieser Situation massiv die unbewußte Botschaft: *„Ich brauche dich als meine Stütze, du bist der letzte Halt in meinem Leben."* Und bei dem Jungen hatte sich die unbewußte Vorstellung festgesetzt: *„Großwerden lohnt sich nicht. Wenn ich in der Schule mitkomme, dann werde ich erwachsen. Und wenn ich erwachsen und selbständig werde, dann muß ich ja auch meine Mama verlassen, ich muß sie alleine lassen. Das kann ich aber doch nicht. Ich muß auf sie aufpassen."*

In der Familientherapie gab es dann doch noch ein Happy-End. Die Mutter konnte ihn letztendlich loslassen. Er ist dann auf eine Ganztagsschule gegangen und hat's im weiteren ganz prima hingekriegt.

Rolf Reinlaßöder: Laß mich das noch mal rekapitulieren: Die Lernschwierigkeiten waren also nur ein Weg, um nicht erwachsen, nicht selbständig werden zu müssen.

Brigitte Lämmle: In dem Fall ja. Aber es ist natürlich nicht immer so dramatisch wie bei diesem Drittkläßler. Bei Lernschwierigkeiten, also beim Spannungsbogen Schule und Leistung, ist es sehr hilfreich, die Frage zu stellen: Lohnt es sich für den Schüler oder die Schülerin, selbständig zu werden?

Nimm jetzt mal einen 17jährigen aus der Oberschicht: Dem haben die Eltern in ihrer Jugendstilvilla eine eigene Wohnung eingerichtet, der bekommt reichlich Taschengeld, wird morgens von Mama geweckt, kriegt die Wäsche gewaschen, das Essen gebracht und die Socken hinterhergetragen ...

Rolf Reinlaßöder: ... und landet dann bei dir in der Praxis, weil er es in der Schule nicht packt ...

Brigitte Lämmle: ... und ich schau mir die Familie an, und dabei stellt sich heraus, daß der Vater dem Jungen eigentlich die Grenzen zeigen will, die Mutter aber den Sohn so verwöhnt und so überbeschützt, daß der sich gar nicht für sich selbst verantwortlich fühlt.

Rolf Reinlaßöder: Overprotection – Überbehütung heißt das im Psychologendeutsch. *„Die Eltern regeln das alles für mich, wäre ja ganz schön unangenehm, wenn ich das jetzt selbst in die Hand nehmen müßte!"*

Brigitte Lämmle: Genau! Der 17jährige wurde grenzenlos verwöhnt. Und vor allem: Die Grenzen waren niedergemacht. Er konnte überhaupt nicht realisieren, was *er* wollte, und damit fühlte er sich auch nicht für seine schulischen Leistungen verantwortlich. Erst dieses Aneinanderreiben zwischen Sohn und Vater, das die Mutter anfangs überhaupt nicht wollte, und das sie erst im Verlauf der Therapie zuließ, das brachte ihn dann dazu, Grenzen zwischen sich, seiner Mutter, seinen Eltern zu definieren.

Am Anfang war das sicher schmerzhaft, und der war in der Therapie ziemlich sauer auf mich. Aber dann gab es eine sehr positive Entwicklung. Er konnte langsam für sich eintreten, seine Grenzen auch zur Mutter hin präzisieren und definieren, was *er eigentlich wollte.* In diesem Prozeß kam er an den Punkt, daß er sagte: *Ich will das Abi packen – ich will das, und deshalb übernehme ich jetzt auch für meine schulischen Leistungen die Verantwortung.*

Rolf Reinlaßöder: Eltern sollten ihren Kindern also diese Verantwortung nicht abnehmen. Was sollen sie aber machen, wenn zum Beispiel ein Zweitkläßler aus der Schule kommt und seine Hausaufgaben nicht machen will?

Brigitte Lämmle: Dann soll er doch die Erfahrung machen, wie das ist, wenn seine Lehrerin ihn am nächsten Tag zur Schnecke macht!

Lernen heißt auch am Mißerfolg lernen, nicht nur am Erfolg. Die eigene Leistung ist die Triebfeder. Und wenn ich als Mutter diesen Mißerfolg immer wieder auffange, dann nehme ich dem Kind praktisch auch die Möglichkeit, sich weiterzuentwickeln.

Wenn so was wie mit den Hausaufgaben freilich nicht die Ausnahme ist, dann meine ich: Erst mal überlegen, was dahinter stecken könnte. Vielleicht ist das Kind tatsächlich überfordert – dann kann ein Leistungstest angesagt sein. Oder es ist unterfordert, der Lehrer zieht einen saulangweiligen Unterricht vor der Klasse durch.

Ich denke, wir greifen oft viel zu schnell ein, und dann läuft das nach dem Muster: *„Erst wenn du die Hausaufgaben gemacht hast, ist Kino angesagt"* oder *„Morgen hast du eine Klassenarbeit, deshalb gibt es heute Abend kein Fernsehen."* Da wird die Schule zum Kriegsschauplatz innerhalb der Familie, und in dem Kampf kann das Kind dann durch Lernschwierigkeiten sich auch bei den Eltern heimlich rächen oder die beiden ganz wirkungsvoll aushebeln. Besonders dann, wenn dem Kind auch noch signalisiert wird: *„Wenn du eine Eins schreibst, dann bin ich ein guter Vater."* Da projizieren die Eltern ihre Erwartungen auf die Schulleistungen des Kindes: *„Je besser die Schulleistungen, desto besser, desto erfolgreicher bin ich als Mutter oder Vater."*

Rolf Reinlaßöder: Wenn ein Kind in der Schule nicht so gut mitkommt, spätestens dann hocken sich viele Eltern hin, kontrollieren die Hausaufgaben, lassen sie bei Fehlern noch mal neu schreiben, verdonnern ihre Kids zum Vokabelpauken ...

Brigitte Lämmle: ... und weder das Kind noch der Lehrer kann unterscheiden, was nun wirklich die Leistung des Kindes ist. Dann bekommt das Kind keine wirkungsvolle Rückkopplung zu seiner Leistung mehr. Je mehr es sich davon entfremdet hat, um so größer können die Lernschwierigkeiten werden. Wenn Papa abends nach Hause kommt und sagt: *„Da bei den Rechenaufgaben, das guck dir aber noch mal genau an. Da ist ein Fehler, hier mußt du das anders machen, und dort geht das so und schreib' bitte schöner ..."* Dann sind die Hausaufgaben sozusagen nur noch eine Teamarbeit. Und wenn am nächsten Morgen in der Schule dann die Rückmeldung kommt, ist es ja nicht mehr die Rückmeldung nur für dieses Kind. Wenn du dir das zwei, drei, vier Jahre oder länger vorstellst, dann weiß ein Kind überhaupt nicht mehr seine eigene Leistung einzuschätzen. Wie soll da noch eine Motivation zum Lernen entstehen?

Rolf Reinlaßöder: Logisch! Aber was mach' ich, wenn mich mein Kind um Hilfe bittet, weil es mit dem Lernstoff nicht klarkommt?

Brigitte Lämmle: Präzise nachfragen: *„Was brauchst du, wie kann ich dir helfen?"* Es ist doch nicht mein Job als Mutter, die Mathematik-Hausaufgaben meiner Tochter zu machen!

Mir hat da mal der Zufall geholfen. Da wurde bei meinen Kindern die Mengenlehre eingeführt, und die war für mich neu. Da habe ich dann sagen müssen: Kind, ich kann dir nicht helfen. Das gehört auch dazu. Je stärker man von Anfang an die Selbständigkeit beim Lernen gefördert hat, desto eher werden die Kinder das Lernen auch selbst in die Hand nehmen und zum Beispiel die Gruppe miteinbeziehen. Ich meine damit: Sie können ja auch bei der Schulfreundin anrufen, sich zusammenhocken und das Problem gemeinsam lösen.

Rolf Reinlaßöder: Das setzt aber auch bei den Eltern voraus, daß sie dem Kind zutrauen, daß es das in den Griff bekommt.

Brigitte Lämmle: Das ist es ja! Die Selbständigkeit fördern bedeutet für die Eltern auch, daß sie ihr Kind loslassen müssen. Das heißt: Ich vertraue dir deine Leistung an, ich vertraue dir, daß du das hinkriegst.

In dem Zusammenhang ist mir auch noch ganz wichtig, daß die Eltern dem Kind die Gelegenheit geben, seine eigene Sinnlichkeit beim Lernen zu entwickeln. Meine Mutter hat ja immer noch gesagt: *"Kind, nun lenk' dich doch nicht ab, mach die Musik aus, räum deinen Schreibtisch auf und konzentriere dich jetzt auf deine Französisch-Vokabeln."* Das war alles für den Ofen. Ich konnte halt immer schon besonders gut mit Musik im Hintergrund lernen. Mittlerweile wissen wir, daß wir über sämtliche Sinne aufnahmefähig sind. Es gibt durchaus Kinder, die mit enormer Musiklautstärke lernen können. Oder die gerade das Gerümpel auf dem Schreibtisch brauchen, um sich gut konzentrieren zu können.

Ich denke, wenn die ganze Haltung der Familie dem Kind vermittelt: *"Wir trauen dir eine Entscheidung zu"*, dann ist schon viel gewonnen.

Rolf Reinlaßöder: Das klingt so einfach: Laß das Kind eine eigene Entscheidung treffen! Jetzt stell dir mal vor, da ist ein Sohn, der hockt in der Küche und sagt seinen Eltern: *"Ich weiß nicht, welche Fremdsprache soll ich denn als erste wählen?"*

Brigitte Lämmle: Spielen wir es mal durch: Sohn sagt: *"Ich weiß nicht."* Vater antwortet: *"Also, ich fände es gut, wenn du mit Latein anfangen würdest. Dann hast du die Grundlage für alle weiteren Fremdsprachen."* Sohn: *"Du immer mit deinem Latein, ich kann's schon nicht mehr hören. Nur weil du auf'm humanistischen Gymnasium warst!"* Vater: *"Ja verdammt, was fragst du mich dann?"*

Rolf Reinlaßöder: Die Mutter hat bisher noch überhaupt nichts gesagt.

Brigitte Lämmle: Die kommt jetzt: *"Wenn du Latein wählen würdest, dann ginge das auf Schule X oder Y. Auf der Y-Schule wäre das mit einem Mathezweig verbunden. Aber auf der X-Schule hättest du später auch noch die Möglichkeit zu wechseln."* Sohn: *"Der Albert macht aber Englisch."* Mutter: *"Das ist kein Argument!"* Sohn: *"Uäääh."*

Der ist also unentschlossen, hoch ambivalent.

Rolf Reinlaßöder: Die Mutter hat quasi moderiert, hat Informationen gegeben. Was wären die nächsten Schritte, um dem Sohn die Möglichkeit zu geben, eine eigene Entscheidung zu treffen?

Brigitte Lämmle: Noch mehr Informationen besorgen. Zum Beispiel auch ein Brainstorming zusammen mit dem Lehrer, mal als Gast in die Schule reinschnuppern. Vielleicht gibt es ja auch die Möglichkeit, mal in einer Lateinstunde oder einer Englischstunde dabeizusein.

Wenn die Eltern dann auch ihre Einschätzung darlegen und dem unentschlossenen Sohn sagen: *„Für dich könnte ich mir vorstellen ..."*, dann ist die ganze Haltung der Familie *wertschätzend*. Auch gerade durch die Auseinandersetzung, inklusive des elterlichen Kampfes um eine Entscheidung. Sie vermitteln so: *„Wir trauen dir eine Entscheidung zu."*

Rolf Reinlaßöder: Nun mal den Fall, das Kind ist dann auf dem Gymnasium und will mit 15 die Brocken hinschmeißen?

Brigitte Lämmle: (lacht) Entschuldige, daß ich jetzt lachen muß. Aber das war genau bei mir der Fall. Ich wollte partout nach der mittleren Reife abgehen, weil ich damals gedacht hab', ich packe das Abi nie, und ganz verängstigt war. Und weißt du, was meine sonst eher nachgiebige Mutter gesagt hat? *„Das kommt überhaupt nicht in Frage."* Damals war ich im ersten Moment stinksauer, aber heute sehe ich es auch als Wertschätzung und bin ihr dankbar. Sie hat mir vermittelt: *„Kind, ich traue dir mehr zu, als du dir jetzt im Moment zutraust."*

Rolf Reinlaßöder: Damit hat sie ja offensichtlich auch recht gehabt! Aber es geht ja auch umgekehrt: Da sind Eltern bei Lernschwierigkeiten der Überzeugung: *„Mein Kind will sich nur nicht konzentrieren, eigentlich könnte es ruhig die zwei Stunden über dem großen Einmaleins sitzen, dann hätte es das gefressen."*

Brigitte Lämmle: Vorsicht! Gerade bei der Frage, wie lange sich ein Schüler auf eine Aufgabe konzentrieren kann, spielt unheimlich viel rein. Ich konzentriere mich in der Regel auf eine Sache, mit der ich mich identifiziere. Je mehr ich mich davon entfernt habe, je mehr dieses Einmaleins oder auch die ganze Schule zum Kriegsschauplatz in der Familie geworden ist, um so mehr wird auch die Konzentration drunter leiden. Je weniger die individuellen Möglichkeiten des Schülers genutzt werden, wann und wie er sich am besten konzentrieren kann, desto schwächer wird die Konzentration sein. Ich bin zum Beispiel von jeher sehr früh morgens am aufnahmefähigsten. Also: Diese individuellen Möglichkeiten nutzen. Die Fokusierung auf Konzentrationsschwäche bei Lernschwierigkeiten heißt doch heute ganz oft: *„Da haben wir die Ursache! Kind, du kriegst ein paar konzentrationsfördernde Pillen und dann hock dich hinter die Schulbücher!."* Dahinter steckt dann oft eine hohe Erwartungshaltung: *„Ich liebe dich erst wieder,* wenn du konzentriert bist und diesen oder jenen schulischen Erfolg bringst."

Rolf Reinlaßöder: Die Anerkennung und Liebe nur noch über die schulische Leistung.

Brigitte Lämmle: Ein Kardinalfehler!

Ich würde bei Konzentrationsproblemen auf ganz anderen Feldern zuschlagen. Ich würde zum Beispiel den Vater bitten, mit dem heranwachsenden Sohn abends joggen zu gehen. Was meinst du, wie der sich auf seine Muskelkraft konzentrieren kann. Wie der bestärkt wird vom Vater. Nur eben in einem ganz anderen Bereich als nur in der Schulleistung.

Häufig ist nach einer langen Lernschwierigkeitskarriere der Fokus von Eltern und Kind nur noch auf die Schule und die schulische Leistung gerichtet. Und damit haben die Eltern eigentlich den Erziehungsauftrag abgegeben. Ich sehe eine große Gefahr, wenn sich das in einer Familie so verengt hat, daß die anderen großen Bereiche nicht mehr gelebt werden. Wenn nicht mehr gelebt wird: *"Ich liebe dich, mein Kind, für deinen Humor. Ich liebe dich, mein Kind, für die Konzentration, die du im Sport aufbringen kannst. Ich liebe dich dafür, wie du uns unterstützt."*

Rolf Reinlaßöder: Und: *"Ich liebe dich nicht nur dann, wenn du das Gymnasium schaffst."*

Brigitte Lämmle: Das ist es! Es gibt so viele Eltern, die so ehrgeizige Pläne für ihre Kinder entwickeln, daß sie völlig aus dem Auge verlieren, daß sie es hier mit einem Menschen in seiner ganzen Vielfalt zu tun haben. Es muß nicht immer das Gymnasium sein, es müssen nicht immer schulische Bestleistungen sein. Überforderung kann genauso wie Unterforderung der Tod des Lerneifers sein.

Deshalb halte ich auch nicht viel von diesen privaten Paukstudios, die es jetzt überall gibt, und wo den Kindern parallel zum regulären Unterricht der Stoff eingetrichtert wird. Die ändern unter Umständen nichts an der Haltung, die Lernschwierigkeiten hervorbringt. Laß es mich jetzt mal ganz provokativ sagen: Lernschwierigkeiten passieren nicht, die werden ja provoziert. Und solche Paukstudios können in so einem System letztendlich das verlängerte Problem sein, statt die Lösung. *"Wir übernehmen jetzt die Verantwortung für dein Lernen."* Der Satz kann auch für solche Nachhilfeschulen gelten. Trotzdem will ich die jetzt aber nicht völlig in Grund und Boden reden. Wenn sie dem Kind das Lernen lehren, also Lerntechnicken vermitteln, wie man zum Beispiel am besten eine große Portion Vokabeln in kleine Portionen teilt oder wie man sie vom Kurzzeitgedächnis ins Langzeitgedächnis transportiert, dann können solche Einrichtungen auch durchaus hilfreich sein.

Rolf Reinlaßöder: Hilft es in den Schulferien zu lernen, wenn die Versetzung in Gefahr ist? Sollen die Ferien genutzt werden, um in der Schule besser zu werden?

Brigitte Lämmle: Fragst du jetzt in der Position der Eltern oder des Schülers?

Rolf Reinlaßöder: In der Position der Eltern.

Brigitte Lämmle: Dann sag ich dir knallhart: „Halt dich da raus!"

Eßstörungen

GEDÄCHTNISPROTOKOLL BRIGITTE: EIN ANRUF IN „LÄMMLE LIVE"

Rolf moderiert: „Die nächste Anruferin ist 27 Jahre alt. Sie sagt, sie hat Phasen in denen sie eß-brechsüchtig ist, aber sie kommt ganz gut damit zurecht. Sie möchte noch eine Weile weitermachen. Sie möchte aber wissen: Kann das auf Dauer außer Kontrolle geraten?"

Noch während ich Rolfs Schilderung höre, denke ich mir: starker Tobak. Die erzählt, sie frißt und kotzt, das sei kein Problem, und trotzdem soll ich dazu was sagen.

Sie erzählt: „Ich lebe bei meinen Eltern, einen Freund habe ich nicht. Demnächst habe ich mein Studium hinter mir. Mit den Prüfungen geht's ganz gut ..."

Ich höre eine frische Stimme. Sie spricht zügig. Ich denke: eine starke Type. Die kennt sich mit Kräftemessen gut aus. Wenn ich da nicht mitziehe, kann ich sie nicht erreichen. Also lasse ich mich darauf ein. Ich beginne mit einer Falle. Ich frage:

„Sagst du mir nochmal, was genau deine Frage ist?"

Sie antwortet: „Kann so eine Bulimie auf Dauer außer Kontrolle geraten?"

Ich sage: „Keine Ahnung. *Ich* freß' mich nicht erst voll und steck' mir dann den Finger in den Hals."

Sie sagt: „Ich denke, du bist Profi und kennst dich mit sowas aus."

Sie gibt zurück. Ich spüre deutlich: Sie springt nicht ab. Deshalb mache ich weiter ...

„Genau. Da kenn' ich mich aus. Und Du willst von mir wissen, ob man nur „ein bißchen süchtig" sein kann. Aber als Profi find' ich die Frage viel interessanter: Wie schafft man's, gar nicht süchtig zu sein?"

Damit hat das Kräftemessen seine Funktion erfüllt: Ich habe in ihren Augen bestanden und darf als Suchttherapeutin weitermachen. Ich brauche mehr Informationen zu ihrer Lebensphase und frage:

„Mit 27 daheim wohnen – wie geht das?"

Sie antwortet. „Mit viel Ärger und viel Streit. Aber das gehört ja wohl dazu. Also, es geht schon."

Ein Gedanke taucht in mir auf: Vielleicht nicht genug Ärger und Streit, um selbständig zu werden. Liegt hier einiges verborgen? Ich frage:

„Bevor du da abhauen würdest, müßte es wohl noch viel dicker kommen?"

Sie lacht.

Ich sage: „Es gibt aber noch einen anderen Weg. Und dazu erzähl' ich dir jetzt 'ne Geschichte. Irgendwann hat ein kleines Mädchen angefangen, sich heimlich Sorgen um die Mama zu machen. Vielleicht hatten die Eltern sowas wie einen Ehekrieg. Der machte auch dem Mädchen Angst. Aber wichtiger war dem Mädchen, daß es doch der Mama helfen wollte. Jedenfalls hat sie das damals geglaubt, denn sie spürte ganz fest, daß die Mama sie braucht ..."

Sie läßt mich erzählen. Ich liege richtig. Ich erzähle weiter und achte gleichzeitig darauf, ob sich ein Widerspruch ankündigt. Ich sage:

„... nach einiger Zeit wird das Mädchen aber auch ungeduldig, weil sich trotz seiner Sorge um die Mama so gar nichts ändert. So ist sie zwischen Sorge und Ungeduld hin- und hergerissen. Dabei kann sie gar nicht mehr wahrnehmen, daß die Mama ihr kleines Mädchen auch sehr lieb hat ..."

Ich spüre, ihr Atem geht stoßweise. Sie pumpt sich auf. Das könnte bald zuviel werden. Deshalb nehme ich die Gefühligkeit zurück und sage:

„... und bevor unsere Zuschauer jetzt meinen, sie hätten das Sandmännchen eingeschaltet, machen wir mal einen Zeitsprung.

> Jetzt haben wir 1997. Was meinst du, würde deine Mutter sich heute für dich wünschen?"
>
> *Sie atmet wieder ruhiger. Ich warte ihre Antwort nicht ab, sondern sage:*
>
> „Sie wünscht sich eine erwachsene Tochter."
>
> *Ich verabschiede mich von ihr.*

Rolf Reinlaßöder: Brigitte, je mehr Streß ich hab' und je hektischer es bei mir im Job wird, desto mehr Süßigkeiten schieb' ich in mich rein. Gehör' ich damit schon zu den Eßgestörten?
Brigitte Lämmle: Na ja, wenn du ohne Schokolade deine Arbeit nicht mehr hinkriegst, dann wird's schon bedenklich *(lacht)*.
Rolf Reinlaßöder: So weit ist es nicht, aber sag mir doch mal ein Patentrezept, wie's auch ohne geht. Aber komm mir bloß nicht mit „Umsteigen auf Karotten"...
Brigitte Lämmle: Tja, wenn du auf gar nichts verzichten kannst, seh' ich schwarz *(lacht)* ...
So sehr wir beide jetzt mit diesem Einstieg flachsen, so tief sind wir schon im Thema drin: Wenn eine Familie mit einem suchtkranken Kind – und eine Eßstörung ist eine Sucht – zu mir in die Praxis kommt, heißt es meistens: *„Mach du die Sucht weg. Mach du, daß das Kind auf die Sucht verzichtet."* Und ganz ähnlich, wie wir jetzt miteinander geredet haben, arbeite ich dann auch mit der Familie.
Rolf Reinlaßöder: Heißt das, daß du auf die Bitte, die Sucht einfach *„wegzumachen"*, gar nicht anspringst?
Brigitte Lämmle: Ich stelle oft so etwas wie eine Gegenfrage an die Eltern: *„Ja, wenn euer Kind auf die Sucht verzichten würde, auf was würdest du, Vater, oder du, Mutter, denn dann verzichten? Als Gegenleistung sozusagen."* Einerseits versuche ich damit, so etwas wie „Normalität" herzustellen. Eßstörungen haben ja oft so eine ganz merkwürdige, geheimnisvolle Aura. Wenn man da so einen kleinen Wettbewerb in Gang bringt *„O. K.: Leni verzichtet auf die Magersucht, Mama verzichtet auf das Rauchen im Wohnzimmer und Papa auf seine 20 Minuten Zeitunglesen auf'm Klo. Wer*

schafft's zuerst?", dann verfliegt schon viel von diesem mysteriösen Klima. Vor allem aber bringt es die Familie in Bewegung.

In fast allen Familien, in denen eine Eßstörung auftaucht, gibt es irgendeine Form von Starrheit. Und da Bewegung hineinzubekommen, ist ein ganz wichtiger Punkt. Aber es kommt natürlich auch darauf an, um *was* für eine Eßstörung es sich handelt.

Rolf Reinlaßöder: Eßstörungen sind ja eigentlich eine irre Sache. Bei den einen, da dreht sich alles ums Essen: die Freßsüchtigen. Bei den anderen heißt es: *„Bloß nicht essen"*, das sind die Magersüchtigen. Und dann gibt es noch die, die möglichst viel essen, es dann aber auch wieder loswerden wollen: Die leiden unter einer Eß-Brechsucht. Bei allen dreien ist es so, daß sich fast das ganze Leben nur noch ums Essen dreht. Sonst scheint das ja alles sehr unterschiedlich zu sein.

Brigitte Lämmle: Es gibt noch was anderes, das gleich ist: Eßstörungen sind Süchte, die vorwiegend Mädchen betreffen.

Rolf Reinlaßöder: Wie kommt das?

Brigitte Lämmle: Ein Suchtverhalten, ein Symptom, entsteht in der Familie, im Familiensystem. Es drückt jedes Mal was ganz Spezielles aus, und das werden wir uns bei allen drei Eßstörungen anschauen. Ich nenne Eßstörungen immer eine „stille Sucht", und das gilt für alle Formen. Alkohol dagegen wird eher von Jungs so ab zwölf bevorzugt ...

Rolf Reinlaßöder: Also eine „laute" Sucht, mit Rumkrakeelen und Aggressivsein ...

Brigitte Lämmle: Richtig. Das mit dem Essen kann ich dagegen heimlich machen. Es fällt nicht weiter auf. Es fällt sogar Eltern oft erst sehr spät auf, daß da bei ihrem Kind ein extrem zickiges Eßverhalten vorliegt. Ich erlebe in der Praxis manchmal wirklich, daß ich den Eltern richtig vorrechnen muß, daß 45 Kilo bei 1,68 m die allerunterste Grenze ist. Also, das heißt, diese Mädchen sind so heimlich, so leise ...

Rolf Reinlaßöder: Aber das müßten die Eltern doch sogar schon vorher merken. Essen solche Mädchen denn normal am Tisch?

Brigitte Lämmle: Schon, die haben aber die tollsten Strategien. Zum Beispiel Verzögerungsmechanismen. Das geht so: *„Mami, soll ich schnell noch den Salat holen? Komm, ich mach den Salat noch an!*

Papa hat bis dahin schon vier Knödel reingeschoben, sie hat überhaupt noch nicht mit dem Tomätchen angefangen und keiner merkt's. Das ist immer so, daß die sich wirklich ganz clever anstellen und das Umfeld es nicht merken lassen. Nur die Freßsucht hat eine andere Rolle. Dadurch, daß ich immer dicker werde, *„stelle ich etwas in den Raum"*. Etwas, was nicht klar läuft. Das wird oft zu einer extremen Bedrohung für die Eltern. Das ist eine hohe Provokation, wenn ich plötzlich als Tönnchen rumlaufe. Das ist nicht mehr heimlich. Es ist nicht heimlich zu halten.

Rolf Reinlaßöder: O. K., laß uns das auseinanderhalten: Die Bulimikerinnen – also die Eß-Brech-Süchtigen – und die Magersüchtigen, die sind wirklich so clever, daß das Umfeld erstmal gar nichts merkt.

Brigitte Lämmle: Damit hast du auch schon 'ne ganz treffende Einteilung. Du mußt ja immer schauen, welches Mädchen *findet* sozusagen welche Sucht. Bei den Freßsüchtigen sind ganz andere Sachen charakteristisch: Die stellen ja eben durch dieses Tönnchen-Dasein eine Provokation dar. Und sie haben auch einen extrem aggressiven Anspruch an die Familie.

Rolf Reinlaßöder: So was wie *„Kümmert euch um mich"?*

Brigitte Lämmle: Etwas in der Art. Auf jeden Fall ein Hilferuf.

Rolf Reinlaßöder: Also jemand, der ständig was in sich reinschiebt, da denk' ich mir: Der will bestimmt was haben; der braucht was von außen. Ist das eine Vorstellung, mit der man in der Therapie weiterkommt?

Brigitte Lämmle: Das ist *ein* Bild, das wird aber begleitet von vielen anderen. Ich hab da 'ne Geschichte. Die Lebensgeschichte einer freßsüchtigen Klientin von mir. Als junges Mädchen hatte sie ein Rückenleiden. Damit lag sie ein Jahr lang bewegungslos in einer Gipsschale. Da lag sie und mußte brav sein. Und sie kriegte sehr, sehr, sehr viel Zuwendung dafür, daß sie so brav war. Vor allem hat sie jede Menge Süßigkeiten bekommen. Und dann hat sich da was entwickelt: so ein Muster *„Ich nehm' es mir auf diese Art und Weise"*. Ich glaube, das ist das, was du meinst.

Es kam aber noch etwas anderes dazu: Diese Klientin kam aus einem Zweifrauenhaushalt, es war kein Vater da, aber eine sehr geschäftstüchtige, sehr energische Mutter. Die hatte wenig

Zeit, weil sie einfach das Geschäft vorwärts bringen mußte. Und noch was kam dazu: Sie war hochattraktiv. Plötzlich wird ihre Tochter dicker und dicker. Für sie eine ungeheure Kränkung: *ihre* Tochter so ein Fettklößchen! Also setzte sie ihren geballten Ehrgeiz und ihre ganze Tüchtigkeit ein, um die Tochter zu „erschlanken". Sie probierte die ganze Palette: schleppte ihre Tochter zum Arzt, machte Diätpläne, kontrollierte, was sie aß ...

Rolf Reinlaßöder: ... und die Tochter?

Brigitte Lämmle: Die Tochter saß das alles aus und nahm kein Gramm ab. So entstand mit einem Mal eine enorme Ohnmacht für diese ansonsten unendlich potente, patente Mutter.

Rolf Reinlaßöder: War das für die Tochter auch so was wie „Schutz unterm dicken Panzer?"

Brigitte Lämmle: Einerseits – und andererseits 'ne Provokation. In diesem Fall war es so, daß die Mutter eigentlich immer Bedingungen gestellt hat. Jede Liebesäußerung von ihr war mit einer Forderung an die Tochter verknüpft. Unbewußt hat sie ihr die Botschaft vermittelt *„Ich hab' dich lieb, wenn du fleißig bist. Ich hab' dich lieb, wenn du gut in der Schule bist, ich hab' dich lieb, wenn du mir im Geschäft hilfst."* Durch die Freßsucht hat die Tochter sozusagen zwei Fliegen mit einer Klappe geschlagen: Einerseits hat sie sich durch's Futtern getröstet, andererseits die Mutter schachmatt gesetzt und sich dadurch vor den ständigen Forderungen geschützt. Das hatte auch etwas Hochaggressives. So was von *„Dir zeig ich's."*

Gleichzeitig muß man sagen, daß dieser Schutz bei Freßsüchtigen hochdramatische Formen annehmen kann. Selbst wenn Freßsüchtige damit konfrontiert werden, daß ihnen die Knöchel brechen, selbst wenn die sich schon ausgerechnet haben, daß sie nicht alt werden können, selbst das hindert sie nicht daran, an dieser Sucht festzuhalten.

Rolf Reinlaßöder: Und in der Therapie – wie kriegt man Freßsüchtige runter von ihrem Trip?

Brigitte Lämmle: Auf keinen Fall, wenn man die Haltung einnimmt: *„Hör auf damit."* Nur dann, wenn man gerade von der anderen Seite kommt. Sozusagen von der *Freundinnenseite.* Die Fragen *„Was bringt mir die Sucht?", „Was hol' ich mir da?"*, sich die anzusehen, das hilft weiter.

Rolf Reinlaßöder: Du meinst also, daß Eßstörungen so was wie versteckte Vorteile haben?
Brigitte Lämmle: Genau. In diesem Fall eben den Schutz. Die Freundinnenseite nennen wir das. Auch bei Eß-Brech-Süchtigen wird das sehr deutlich: Jede Bulimikerin erzählt von ihren Freßattakken mit leuchtenden Augen: *„Dann fühl' ich mich! Dann bin ich stark. Dann geht es mir in dem Moment gut."*
Rolf Reinlaßöder: Kann da die Therapie einsetzen?
Brigitte Lämmle: Nur da. Nur wenn man diesen Freundinnenteil wirklich sehr ernst nimmt und nicht in die therapeutische Haltung geht: *„Du mußt dich von dieser Freundin verabschieden."*
Rolf Reinlaßöder: Wie kann sich dann etwas verändern?
Brigitte Lämmle: Laß uns mal damit anfangen, die Beziehung zu dieser Freundin genauer anzusehen. Wenn meine Freundin da ist, sprich: wenn die Sucht ausgelebt wird, geht es mir als Bulimikerin gut. Und wo ist die Freundin, wenn es mir schlecht geht, wenn ich unzufrieden bin und unruhig? Mit solchen Fragen kann man Bewegung in das Bild von der Freundin bekommen. Denn schließlich hat sie zwei Seiten: Auf der einen Seite schützt sie mich, und auf der anderen Seite kostet sie eine Menge Geld, stört meine Beziehungen zu anderen Freundinnen und macht meinen Körper kaputt. Also: Die Beziehung zu dieser Freundin muß geklärt werden.
Rolf Reinlaßöder: Bei den Magersüchtigen ist das wahrscheinlich ganz anders. Wollen die quasi verschwinden?
Brigitte Lämmle: Auf jeden Fall muß man ganz deutlich sagen: Magersüchtige nehmen letztendlich den Tod als Ende der Entwicklung billigend in Kauf. Und es stimmt: Magersüchtige opfern sich auf.
Rolf Reinlaßöder: Also ist es nicht das Schönheitsideal aus der Zeitschrift: Schlanksein wie die Models. Die erste Diät, die zweite Diät ...
Brigitte Lämmle: ... sie *entdecken* die Magersucht häufig über eine Diät. Aber das Bild ist tatsächlich: *„Ich opfere mich auf, ich verschwinde, ich werde immer weniger."* Und das taucht in Familien auf, die harmoniesüchtig sind. Dort haben die magersüchtigen Mädchen eine ganz wichtige Funktion. Sie beschäftigen die Eltern sozusagen durch ihre Sucht: *„Kind, iß doch!"* heißt es dann,

oder: *"Wir machen uns Sorgen!"* Die Eltern haben durch die Eßstörung eine echte Aufgabe, und die verbindet sie auch miteinander.

Rolf Reinlaßöder: Was bedeutet „Harmoniefamilie" genau? Wird da nie gestritten?

Brigitte Lämmle: Doch, schon. Das Wichtigste ist aber: Harmoniefamilien sind unbeweglich. Wie so ein zur lächelnden Maske erstarrtes Gesicht. Es sind zwar Konflikte da, eine Menge sogar, die werden aber mit so 'ner Art *Dampfkessel-mit-Tröte-Technik* unterdrückt: Unten drin kocht's und brodelt's und oben kommt nur so ein dünnes Pfeifen raus. Und vor allem: Es ändert sich nie konkret etwas.

Die Eltern in so einer Familie hätten zwei Möglichkeiten: entweder sich aufeinander zubewegen oder sich trennen. Aber keins von beidem geschieht. In Magersuchtfamilien beobachte ich sehr häufig, daß ein Elternteil eigentlich schon den heimlichen Dritten im Hintergrund stehen hat, aber er oder sie kann nicht gehen, weil sie sich ja um dieses schwierige Kind kümmern müssen.

Rolf Reinlaßöder: Demnach sagt das Kind: Für den Zusammenhalt opfere ich mich auf?

Brigitte Lämmle: Genau das ist sehr oft der Fall. Es geht aber auch noch vertrackter. Man kann sich nämlich auch aufopfern, indem man ein richtiger Kotzbrocken wird.

Rolf Reinlaßöder: Klingt ziemlich widersprüchlich ...

Brigitte Lämmle: ... läßt sich aber einfach erklären. Magersüchtiges Verhalten kann für eine Familie auch eine ungeheuer scharfe Provokation bedeuten. Stell dir das mal vor: Da hast du ein Mädchen vor dir, das läßt sich vor deinen Augen buchstäblich verhungern. Und alles, was du als Eltern versuchst, scheitert: gut Zureden, Autorität zeigen, an die Vernunft appellieren – nichts hilft. Die ißt einfach nichts – Schluß! Das kann einen ja rasend machen. Und genau das ist es! Sehr oft steckt hinter einer solchen provozierenden Haltung der Versuch, diese lähmende Familienstarre aufzulösen, endlich was in Bewegung zu bringen. Dahinter können Sätze stecken wie: *„Mama, wehr' dich endlich"*, oder *„Papa, hör' auf zu saufen."* Nur: Der Preis, den die Magersüchtigen dafür bezahlen, ist auch bei dieser – ich sag mal: „Variante" – gleich hoch: Sie opfern sich auf.

Rolf Reinlaßöder: Gilt das auch für Bulimikerinnen?
Brigitte Lämmle: In vieler Hinsicht kann man Bulimie als verkappte Magersucht betrachten. Da werden zwar bis zu 30.000 Kalorien am Tag gefressen, aber dann mit Absicht wieder erbrochen. Du mußt dir das einfach auch mal vorstellen: Das ist ein Kilo Spaghetti; das ist ein 1-Pfund-Glas Nutella; das sind 2 Liter Coca-Cola; – es ist ganz viel Flüssigkeit dabei – also ich merk', ich mag's gar nicht aufzählen. Aber es sind wirklich unvorstellbare Mengen, die da heimlich gefressen und danach wieder erbrochen werden. Auch in Familien, in denen Freß-Brech-Sucht auftaucht, spielt die Harmonie eine wichtige Rolle.

Ich habe mal mit einer Frau gearbeitet, da ist die Tochter, die schließlich bulimisch wurde, praktisch *benutzt* worden. Die Eltern waren extrem weit auseinander. Die Mutter hatte letztendlich schon Angst, mit dem Vater überhaupt nur in Kontakt zu treten. Von Harmonie zwischen Vater und Mutter konnte also überhaupt nicht die Rede sein. Und statt zum Vater hat sie dann zur Tochter gesagt: *„Ach, komm du mal mit zum Teetrinken, ach, sei Du mal lieb."*

Übrigens, ich möchte nicht, daß an diesem Punkt der Begriff „Schuld" entsteht. Was ich da beschrieben habe, ist eine Entwicklung im System. Wir stehen ja jetzt sozusagen auf der Meta-Ebene und schildern die Familie von außen. Wer in dem System drinsteckt, sieht das nicht so. Die Mutter hat nicht das Gefühl oder gar die Absicht, ihre Tochter zu *benutzen*. Im Gegenteil: Das ist sogar 'ne Entwicklung in der Familie, die eigentlich mal mit Liebe begonnen hat.

Rolf Reinlaßöder: Aber die Kinder in solchen Familien werden doch zumindest überfordert, oder?
Brigitte Lämmle: Ja. Die Entwicklung nimmt ja auch einen anderen Verlauf. Der Haken ist, daß in solchen Familien auf Krisensituationen nicht adäquat reagiert werden kann. Der Satz *„Man muß lieb sein"* ist da ganz tief verankert. In der Familie, die ich gerade geschildert hab', war schon die Mutter mit dieser Botschaft groß geworden. Wenn jetzt ein Konflikt auftaucht, dann *kracht* es nicht in dieser Familie. Da haut niemand auf den Putz und sagt *„Kipp dir deinen Tee in den Gummibaum und mach den Mist mit deinem Mann gefälligst selber aus. Ich geh' jetzt 'ne Runde lachen"* oder so

ähnlich. Statt dessen wird nach dem Prinzip „*mehr-desselben*" reagiert: ganz besonders lieb.

Und mit jedem nicht gelebten Konflikt, mit jedem Streit, der nicht ausgetragen wird, steigt der Druck in dieser Dampfkesselfamilie. Das ist das Klima, in dem es dann stattdessen an einer anderen Stelle im System kracht: Ein Familienmitglied entwickelt ein Symptom. Zum Beispiel wird die Tochter bulimisch.

Rolf Reinlaßöder: Gut, aber wäre da die Magersucht nicht genauso naheliegend? Warum taucht da dieses Fressen und Erbrechen auf?

Brigitte Lämmle: Nimm noch mal die Freundinnenseite, von daher versteht man's am besten. Jede Eßgestörte sucht sich sozusagen eine „Freundin", die zu ihr paßt: Magersüchtige fühlen sich eben auch *gut*, wenn sie das Gefühl haben „*Ich hab' alles unter Kontrolle.*" Bulimikerinnen fühlen sich in dem Moment, in dem sie diese Massen von Essen in sich reinstopfen, *gut*. Das hat auch viel mit dem Satz zu tun „*Ich nehm's mir jetzt.*"

Bei der Bulimie kommt aber noch etwas anderes hinzu: Ekelgefühle. Ich möchte das nicht dramatisieren, aber dieser Ekel und dieses Kotzen sind häufig auch noch Anzeichen für Grenzüberschreitungen. Ich will es mal so sagen: Aus der Praxis weiß ich ein Beispiel, da mußte ein Kind den Kopf des Vaters massieren und hat sich stark davor geekelt ...

Rolf Reinlaßöder: ... du meinst Mißbrauch?

Brigitte Lämmle: Du sagst das jetzt sehr direkt, ich möchte nicht sagen, „bei jedem Fall". Es kann auch Ekel vor etwas anderem sein. Aber *daß* Ekel eine Rolle spielt, ist sehr häufig der Fall. Ganz sicher ist aber: Eßstörungen haben ihre versteckten Vorteile ...

Rolf Reinlaßöder: ... die Freundin ...

Brigitte Lämmle: ... die Freundinnenseite, wie gesagt. Auf der anderen Seite muß nochmal gesagt werden, daß eine Magersucht tödlich verlaufen kann, wenn sie nicht behandelt wird. Da geht es dann um jedes Gramm. Wenn die 40 kg wiegen, haben sie unter Umständen nicht mehr lange zu leben. Vielleicht muß da wirklich erst mal in einem stationären Klinikaufenthalt mit der Familie gearbeitet werden, damit diese Botschaft: „*Ich beschäftige die Eltern*", oder: „*Ich muß die Eltern retten*", oder: „*Ich opfere mich für euch auf*" aufgearbeitet wird.

Rolf Reinlaßöder: Wenn jetzt ein Mädel mit 15, 16 die erste Diät macht, weil sie sich ein bißchen pummelig fühlt, ist das schon ein Alarmsignal für Eltern?
Brigitte Lämmle: Nein.
Rolf Reinlaßöder: Die dritte? Vierte? Fünfte?
Brigitte Lämmle: Ich glaube, mit Diäten müssen wir heutzutage leben. Irgendwie sind die offensichtlich ein Teil der Mode. Alarmsignale würd' ich woanders erkennen. Und zwar immer nur zusammenhängend im ganzen Kontext: Wir haben bei der Freßsüchtigen gesagt: Unnahbarkeit. Wir können bei den Magersüchtigen sagen: Kontrollverhalten, Überaktivität, extrem starre Grenzen. Bei Bulimikern sind es oft extreme Schwankungen, Leistungsschwankungen, geringe Belastbarkeit. Die kommen dann vielleicht mit so einem „Ach, wieder Knatsch in der Schule", oder „Ich will ins Internat", und in der nächsten Schule ist es wieder das gleiche. Also das heißt, wenn solche Probleme sich ausweiten, das ist ein Indiz. Aber die Diät alleine macht's nicht. Mein Gott, wie viele Diäten hast du schon gemacht?
Rolf Reinlaßöder: Ich hab' einmal eine gemacht, und das war's dann.
Brigitte Lämmle: Ich hab' immer wieder Diätversuche und fall immer wieder um. Wir kennen es alle, daß wir mal mit Diäten angefangen haben. Ich würde das in den gesamten Kontext eingebettet beobachten.
Rolf Reinlaßöder: Es gibt therapeutische Möglichkeiten. Wie sind da die Chancen und wie lange dauert es, bis jemand mit Eßstörungen wieder „normal" ist, und glücklich?
Brigitte Lämmle: Je früher mit der Therapie begonnen wird, um so besser. Wenn zu mir 'ne junge Frau kommt, die 28, 29 ist, die hat in der Regel mit 12, 13 Jahren mit der Eßstörung angefangen. Sie hat also 'ne lange, lange Suchtkarriere hinter sich. Und das heißt auch: Sie hat lange Zeit mit einer „Freundin" gelebt. So eine Frau ist sehr, sehr mißtrauisch, ob ich ihr etwas anbieten kann, was die Freundin ersetzt. Also je früher die Therapie, desto besser.
Rolf Reinlaßöder: Und die Chancen?
Brigitte Lämmle: Optimal.

Zum Weiterlesen

In Liebe entzweit
Gunthard Weber, Helm Stierlin
(Rowohlt Verlag)

• Der „Klassiker" zum Thema Magersucht, wie sie entsteht, welche Rolle sie im Familiensystem spielt und wie systemische Familientherapie helfen kann. Besonders wichtig an „In Liebe entzweit": Die Autoren beschreiben nicht nur das *Problem Magersucht*, sie entwerfen auch das *positive Gegenbild* zu diesem Problem, die *„bezogene Individuation"*. Damit ist gemeint, daß jeder Entwicklungsschritt, den ein Kind geht, einerseits eine Form der Trennung von den Eltern mit sich bringt, andererseits die Chance zu einer Bereicherung der Beziehung. Diesen Prozeß bereichernder Trennungen wiederherzustellen ist ein Ziel der systemischen Familientherapie bei Magersucht.

Wie lasse ich meine Bulimie verhungern?
Margret Gröne
(Carl-Auer-Systeme Verlag)

• Dieses Buch widmet sich ausführlich der *„Freundinnenseite"* der Bulimie, wie wir sie im letzten Kapitel beschrieben haben. Auch Margret Gröne kommt aus der systemischen Familientherapie. Wie alle „Systemiker(innen)" fragt sie nicht zuerst: *„Wie kann ich dieses Problem möglichst schnell zum Verschwinden bringen?"*, sondern vielmehr: *„Welchen (versteckten) Vorteil bringt es?"* Sie beschreibt ausführlich die Methoden, mit denen in der Einzeltherapie diese Seite der Bulimie geklärt werden kann. Und vor allem: Sie zeigt, wie man herausfinden kann, mit welchen *weniger schädlichen* Verhaltensweisen *derselbe Vorteil* zu erzielen ist. Wenn diese Alternative gefunden ist, ist es möglich, sich auch ohne großen Trennungsschmerz von der „Freundin" Bulimie zu verabschieden.

Unerfüllter Kinderwunsch

Gedächtnisprotokoll Brigitte: Ein Anruf in „Lämmle live"

Rolf moderiert: „Die nächste Anruferin ist 27 Jahre alt. Sie lebt alleine. Sie ist schwer krank und hat höchstens noch ein paar Jahre zu leben. Sie möchte trotzdem gerne noch ein Kind bekommen. Einen Mann, mit dem sie es zeugen könnte, gibt es auch. Und wenn sie stirbt, würde sich ihre Mutter um das Kind kümmern. Soll sie's probieren?

Ich speichere: Alles ist gut organisiert. Gleichzeitig merke ich: Mein Herz wird schwer. Tod und Leben – wie paßt das hier zusammen? Ich frage:

„Ist ein Kind für dich eine Antwort auf den Tod?"

(Lange Pause)

Sie sagt: „Weiß nicht ... vielleicht."

Ich spüre ihr langes Zögern. Etwas Starkes hält sie zurück. Ich frage:

„Wie lange spielst du denn schon mit dem Gedanken?"

Sie antwortet: „Lange."

Ich frage: „Hast du dir schon überlegt, wie das für das Kind sein würde?"

Sie sagt: „Ja. Wir hätten ja nur zwei oder drei Jahre zusammen."

Ich frage: „Hält dich dieser Gedanke zurück, es zu versuchen?"

Sie sagt: „Ja."

Ich höre ihre Antworten, kurz, knapp, einsilbig. Nur Jas und Neins. Ich denke: Wie jemand, der mit zwei Gegnern gleichzeitig tauzieht. In jeder Hand ein Tau, auf jeder Seite ein Gegner, und beide ziehen gleich stark. Starker Impuls: Sie muß aus dieser Spannung heraustreten. Die Lösung liegt nicht dort. Ihr fehlen Bilder, Phantasien. Ich sage:

„Auch wenn das für dich jetzt hart klingt. Ich erzähle dir mal, was dein Kind später für Fragen stellen könnte. Es könnte zum Beispiel fragen: ‚Warum hab' ich meine Mama nicht mehr? Ist die Oma meine wirkliche Mama? Warum haben die anderen ihre Mama und ich nicht? Wer ist mein Papa? Warum habe ich keine Eltern, die sich in den Arm nehmen?'. Wenn Kinder für sich auf diese Fragen keine Antworten kriegen, dann fragen sie sich ganz häufig. ‚Was hab' ich falsch gemacht?' Sie denken sich: ‚Ich bin schuld'."

Sie sagt: „Du rätst mir also eher ab."

Sie klingt fast erleichtert. Sie tendiert zum ‚Nein'. Aber noch hindert sie etwas. Ich vermute: ihre Traurigkeit, ihre Angst davor, zu sterben, scheinbar ohne etwas zu hinterlassen. Ich sage:

„Ich kann dir weder zu- noch abraten. Aber, (lachend) weißt du, was mir auffällt? Wir haben die ganze Zeit über die Zukunft gesprochen. Ist doch verrückt, oder? Für jemanden, der nicht mehr so viel Zeit hat, die Gegenwart zu verschenken.

Ich höre, sie atmet sehr tief durch, ich spüre, das Drama könnte vorbei sein. Ich stelle eine Kontrollfrage:

„Mir fiele 'ne Menge zur Gegenwart ein, gerade für eine Siebenundzwanzigjährige. Dir auch?"

Sie zögert kurz, dann sagt sie: „Weiß noch nich' ... aber da fällt mir schon was ein."

Ich verabschiede mich von ihr.

Rolf Reinlaßöder: Jedes achte Paar wünscht sich sehnlichst ein Kind, aber es kommt keines. Das sind allein drei Millionen Paare bei uns in Deutschland. Und viele von denen setzen auf die Möglichkeiten der Reproduktionsmedizin und der Medizintechnologie, um sich ihren Wunsch doch noch zu erfüllen. Mehr als 100.000 Menschen gibt es bereits weltweit, die ihre Existenz nur der Zeugung im Reagenzglas verdanken. Jährlich kommen bei uns dreieinhalbtausend Retortenbabys dazu.

Die Reproduktionsmediziner entwickeln immer ausgeklügeltere Methoden, um sogar *den* Paaren zu einem Kind zu verhelfen, die ohne extreme medizinische, hormonelle und gentechnische Hilfe überhaupt kein Kind kriegen würden.

Brigitte Lämmle: Ich versetz' mich mal in die Rolle des Kindes. Wenn ich mir jetzt vorstelle, ich soll demnächst gezeugt werden, und irgendwelche Reagenzgläser schweben über meinem Haupte, dann will ich überhaupt nicht mehr kommen.

Rolf Reinlaßöder: Sollen wir deshalb jetzt Schluß machen und das Thema abbrechen?

Brigitte Lämmle: Nein, auf keinen Fall! Es ist ja die Realität. Mir stehen nur manchmal die Haare zu Berge, wenn ich mir klar mache, was in den medizinischen Randbereichen der Reproduktionsmedizin läuft. Wenn du wüßtest, wie oft ich Paare in meiner Praxis habe, die jahrelang von einem Arzt zum anderen gelaufen sind, die mit Hormonen vollgepumpt wurden, die jegliche Freude am Sex verloren haben, die verzweifelt sind, die von nichts anderem besetzt waren als von dem einen Wunsch: *„Ich will ..."* oder *„... wir wollen ein Kind!"*.

Rolf, ich kann jedes Paar verstehen, das sagt: *„Wir möchten unserer Gemeinschaft sozusagen noch ein Zeichen geben mit einem gemeinsamen Kind."* Zum Partner sagen zu können: *„Ich möchte von dir ein Kind"* – das kann ich sehr gut verstehen. Ich kann auch so einen tiefen Wunsch verstehen, sich fortzpflanzen zu wollen. Das ist ja tatsächlich auch ein ganz wichtiger biologischer Impuls. Würden wir Menschen den nicht mehr haben, dann wären wir irgendwann am Ende – ausgestorben. Das kann ich alles sehr gut nachvollziehen.

Rolf Reinlaßöder: Aber?

Brigitte Lämmle: Es gibt Widersprüche: Der Wunsch ist scheinbar da, und es klappt nicht. Meine Mutter hat früher immer gesagt: *„Und dann haben sie ein Kind adoptiert, und weißt du was dann passiert ist? Dann kam das Kind, das sie sich vorher so lange gewünscht haben."* Also das heißt, jetzt mal ganz unabhängig von diesen ganzen Medizinmann-Fakten: Es gibt die Binsenweisheit, daß man noch so viel medizinisch rummachen kann – die Seele macht nicht mit. Noch einen gewagten Schritt weiter: Babys schauen offensichtlich manchmal hin, wo es sich einzunisten lohnt.

Rolf Reinlaßöder: Wieso sagst du, der Wunsch ist *scheinbar* da? Paare, die alles dransetzen, endlich ein Kind zu bekommen, ein eigenes, von ihnen gezeugtes Kind, die soviel Belastungen dafür auf sich nehmen, die haben doch ganz klar nur diesen einen großen Wunsch.

Brigitte Lämmle: Davon sind sie überzeugt, ja. Aber so einfach ist das nicht. Auch wenn das diesen Paaren oft nicht klar ist: Bei *jedem* Kinderwunsch gibt es ambivalente Bestrebungen. Es gibt ein „Ja" und ein „Nein" – immer! Oft ist das Nein zum Kind verdeckt, wird nicht wahrgenommen, gar nicht zugelassen. Es versteckt sich hinter dem Ja zum Kind. Mal ist dieses Nein mehr, mal weniger stark verdeckt. *„Wenn ich mich jetzt mit diesem Kind verwirkliche, was passiert dann eigentlich mit mir? Verliere ich mich nicht auf dieser Strecke?"* Solche Sätze lassen Paare, die seit Jahren mit dem Tunnelblick auf ein Kind leben, kaum noch zu.

Rolf Reinlaßöder: Glaubst Du, daß es hilfreich ist, sich mit diesem Gedanken auseinanderzusetzen, bevor man in die „medizinische Karriere" einsteigt?

Brigitte Lämmle: Unbedingt! Darin liegt eine Riesenchance. Und wenn sich dann ein Paar entscheidet, die Möglichkeiten der Reproduktionsmedizin zu nutzen, dann braucht es meiner Meinung nach eine psychotherapeutische Begleitung.

Bei mir in der Praxis gibt es mittlerweile die gescheiterten Beziehungen, die 12mal,14mal,16mal in der Klinik gewesen sind. Deren Sexualität hat eine solche Tristesse entwickelt, daß sie sich gar nicht mehr davon erholen können. Die kommen dann zu mir und sagen nach all diesen fehlgeschlagenen Versuchen: *„Jetzt sind wir so fertig, wir können nicht mehr."*

Rolf Reinlaßöder: Die haben sich ein System aufgebaut, das sie gar nicht mehr steuern können.

Brigitte Lämmle: Gerade deshalb ist es als erster Schritt so wichtig: Sich klarzumachen, daß beim Wunsch nach einem Kind *immer* diese Ambivalenz da ist. In jedem der beiden Partner. Bestenfalls sieht es bei einem Paar so aus, daß es weiß: Wir sehen – beide – einem Kind mit gemischten Gefühlen entgegen.

Rolf Reinlaßöder: *„Ich will ein Kind, und ich will es auch nicht"* – sind diese Anteile bei jedem Partner gleich?

Brigitte Lämmle: Mit mathematischen Formeln kommst du da nicht wesentlich weiter. Mal überwiegt das Ja, mal das Nein. Und in der therapeutischen Arbeit kann sich herausstellen, daß sich hinter einem starken *„Ja, ich will ein Kind"* ein riesiges *„Nein"* verstecken kann. Es ist sogar möglich, daß bei einem Paar eine Art Arbeitsteilung eingetreten ist: Einer hat stärker den bejahenden Part übernommen, der andere stärker den Nein-Anteil.

Jetzt kommt aber ein Paar zu mir, und er sagt: *„Wir wollen unbedingt ein Kind, und wir bekommen keines, wir wissen überhaupt nicht mehr, was wir machen sollen."* Nach einiger Zeit wird dann klar, daß das Nein zum Kind auf eine ganz geschickte Art ausgegliedert ist. *„Dann muß ich eventuell meinen kreativen Beruf aufgeben, dann muß ich einen Angestelltenjob übernehmen, das will ich aber nicht."* Diese Sätze sind ganz tief unten – und sie sind eigentlich ein ganz, ganz dickes *„Nein"*. Er lebt eigentlich dieses versteckte *„Nein"* und sagt nur vordergründig ein *„Ja"*. Sein seelischer Streß ist, daß er *„Ja"* sagt und eigentlich *„Nein"* meint. Vielleicht hat er eigentlich massive Angst davor, viel von sich preiszugeben, weil er eigentlich jung bleiben wollte; Jung sein und nicht die Verantwortung übernehmen. Sein *„Nein"* war in tiefen Schichten verborgen.

Rolf Reinlaßöder: Und was ist mit der Frau?

Brigitte Lämmle: Ihr Nein war auch da: *„Mein Mann ist für mich doch schon wie ein Kind. Ich muß ja schon für den alles tun – und jetzt noch ein Kind?"* Es war eine unbewußte Hemmschwelle – auch aus ihrer eigenen Kindheit. Sie hat ihre Mutter sehr versorgt, jetzt versorgt sie scheinbar ihren Mann oder bildet sich ein, ihren Mann versorgen zu müssen, und jetzt soll noch jemand kommen. *„Um Gottes Willen – das nicht."*

Rolf Reinlaßöder: Wie ging es weiter?

Brigitte Lämmle: Sie hatten sich zum ersten Mal diese Nein-Anteile anschauen können. Bis dahin hatten sie sich in ihrer zwischenmenschlichen Kommunikation nur auf das *„Ja"* zum Kinderwunsch eingestellt. Da wurden vorher Dinge, die in eine Lösungshaltung gebracht werden sollen, gar nicht mehr angeschaut.

Ein großer Teil von einer Sitzung war, daß die Frau ihren Mann nach Jahren das erste Mal angemotzt hat, was an Arbeit, an Verantwortung alles an ihr hängenbleibt. Auch das *„Ich will, daß du mich mehr unterstützt"* kam jetzt raus. Vieles von dem, was jahrelang unter den Teppich gekehrt wurde. Nicht nur Kritik, auch die schönen Seiten. Und – ich kürz' jetzt mal ab – nach der dritten Therapiesitzung wurde die Frau tatsächlich schwanger.

Rolf Reinlaßöder: So schnell geht das plötzlich?

Brigitte Lämmle: Wenn das verdeckte Muster, das verdeckte Skript, daß da geschrieben ist, aufgedeckt wird, dann kann sozusagen das Nein zum Kind in das Ja zum Kind integriert werden. Und wenn die „ganz normalen" gemischten Gefühle einmal da sind, dann kann es so laufen. Und nicht nur dadurch: Oft klappt es mit dem bislang unerfüllten Kinderwunsch auch ohne Therapie. Wenn man von außen her plötzlich die Erlaubnis kriegt, nicht mehr spitz auf ein Kind sein zu müssen. Beispiel Adoption. Das ist wirklich oft wie in dem Spruch von meiner Mutter, den ich vorher schon erzählt hab'. Ganz viele erzählen dir dann: *„... Und da haben wir eigentlich überhaupt nicht mehr mit gerechnet. Jahrelang hatten wir vergeblich versucht, ein Kind zu zeugen. Nachdem wir dann schließlich ein Kind adoptiert hatten, dauerte es nur ein paar Monate, und unser eigenes war unterwegs."*

Rolf Reinlaßöder: Der Druck, unbedingt ein Kind bekommen zu wollen, war weg.

Brigitte Lämmle: Ja – auch so ein Erlaubnis: *„Jetzt nehmen wir einfach mal ein blindes „Nein" in Kauf – fahren ein paar Wochen in Urlaub, vergessen das einfach mal mit dem Kind und erholen uns."* Oft wird dann die Frau tatsächlich schwanger.

Rolf Reinlaßöder: Vielleicht auch, weil die Beziehung entspannter ist?

Brigitte Lämmle: Das ist ein Teil. Und es gibt eine ganze Menge von Fragen, die auftauchen, wenn man zuläßt, den unerfüllten Kinderwunsch mal aus dem anderen Blickwinkel zu betrachten, von der Nein-Seite her. Zum Beispiel: *„Seit wann wünschen wir uns denn ein Kind? Wann tauchte der Kinderwunsch auf? Wurde es in der Partnerschaft vielleicht gerade langweilig und fade?"* Ein Kind als Beziehungs-Kitt – das ist sehr oft der Fall.

Vielleicht heißt die Frage auch: *„Ist der Mann für mich bei diesem Kinderwunsch nur der Samenspender? Ist die Frau für mich nur die Ei-Spenderin? Habe ich meinen Partner – ohne es selbst zu merken – letztendlich nur auf diese biologische Funktion degradiert?"* Das gibt's. Oder: *„Traue ich ihm, traut er mir tatsächlich auch zu, das* *gemeinsame Kind zu schützen, die Verantwortung dafür mitzutragen?"*

Manchmal kann die Frage auch lauten: *„Ist mein Leben nicht ausgefüllt? Habe ich die versteckte Erwartung an ein Kind, daß es meinem Leben wieder einen Sinn geben könnte?"* Eltern, die sozusagen Trittbrettfahrer bei ihren Kindern sein wollen – auch das gibt es oft. Nur: Die ‚Straßenbahn' des Kindes wird dann nie ohne Begleitung fahren, denn eine solche Mutter oder ein solcher Vater wird sich nur schwer jemals abgetrennt vom Kind erleben können. Armes Kind.

Rolf Reinlaßöder: Lassen Paare, die so verzweifelt sind, die sich schon so lange vergeblich ein Kind wünschen, solche Fragen überhaupt zu?

Brigitte Lämmle: Zunächst nicht. Unter gar keinen Umständen. Da sind enorme Barrieren. Aber wenn ihnen klar geworden ist, in welchem Beziehungskontext sie stehen und wie massiv eingeengt der ist – daß die Kommunikation zwischen ihnen sozusagen nur noch über dieses zu gebärende Kind abläuft, das nicht kommen will – dann sind sie durchaus bereit, das Spektrum aufzumachen; und zwar für die ablehnenden wie für die zustimmenden Impulse. Es ist spannend – auch für die Betroffenen selbst – zu sehen, was dann herauskommt.

Rolf Reinlaßöder: Laß uns noch mal über die zustimmenden Impulse sprechen. Gibts denn da nicht auch so was wie: *„Ich will ein Kind, damit ich durch die Weitergabe meiner Gene weiterlebe!"*

Brigitte Lämmle: Zum Beispiel. Und da liegt wirklich ein unendlicher Trost für jedes Leben drin: Durch ein Kind leben wir weiter. Der Wunsch nach einem Kind hat etwas egoistisches – auch wenn der immer als altruistisch dargestellt wird. Dieser Egoismus ist auch in Ordnung. Es ist legitim. Du gibst schließlich auch was in diesen 15, 18 Jahren – eine unendliche Menge. Und wenn ich nicht selber auf mein Konto etwas draufschaufeln würde, dann würde ich ja für ein Kind nur eine ganze Menge hergeben müssen.

Da gibt es aber noch einen anderen Aspekt im Zusammenhang mit dem Egoismus beim Kinderwunsch: Es *kann* nämlich sein, daß ich ein Kind auch hautpsächlich nur deshalb herbeisehne, weil ich tief verdeckt Angst vor dem Tod habe – weil ich hoffe, über das Kind meine eigene Angst vor meiner Endlichkeit nicht mehr so stark zu erleben.

Nur: Nicht das *Haben* eines Kindes kann mich glücklich machen, sondern die *Begleitung* des Kindes. Ich begleite dich, Kind, mit all meinen und deinen Schrullen, meinen Eigenarten und Möglichkeiten, und *nicht*: Ich will es besonders gut machen, eine tolle, supertolle Mutter sein. Daraus lassen sich nämlich sehr zügig Erwartungshaltungen an ein Kind ableiten.

Rolf Reinlaßöder: Bis hin zu der Haltung: Du mußt so und so sein, damit ich mich als gute Mutter, als guter Vater fühlen kann.

Brigitte Lämmle: Genau.

Aber ich merke gerade, das hört sich so an, als hätte ich da einen Perfektheitsanspruch. Ist nicht so. Gott sei Dank „passieren" Kinder auch in ungünstigen Zeiten – mitten im Examen, in einer Phase der Arbeitslosigkeit. Nur umgekehrt: Wenn *kein* Kind kommt, gerade *dann* sollte sich das Paar diese Fragen sehr sorgfältig anschauen.

Rolf Reinlaßöder: Kann das auch daran liegen, daß gerade dieser „gesunde Egoismus", dieses Gefühl *„Das Leben geht weiter"* gestört ist?

Brigitte Lämmle: Gut möglich: Ich hatte zum Beispiel eine Klientin, bei der wollte sich kein Kind einnisten. Medizinische Gründe gab es dafür nicht. Im Verlauf der Therapie schälte sich heraus, daß in ihrer eigenen Familie alle Frauen an Krebs gestorben sind. Ihre Mutter ist sehr jung an Krebs gestorben, ihre Großmutter, ihre Tante – alle sind sie in jungen Jahren an Krebs gestorben. Diese Klientin hatte für sich in ganz tiefen Schichten die Angst: *„Vielleicht werde ich auch früh sterben. Vielleicht werde ich die Krankheit weitergeben."* Das war ganz tief verankert. Und *das* stand als Barriere vor einer Befruchtung.

Beim Kinderwunsch gucken quasi die früheren Generationen auch über die Schulter. Es gibt in manchen Familien eine heimliche Botschaft, so eine Art geheimen Schwur: Zum Beispiel *„Wir bringen keine Kinder zur Welt, weil es bei uns mal eine Erbkrankheit gegeben hat."* Eine Botschaft, die zugedeckt ist, die aber trotzdem ins Leben hineinwirkt.

Rolf Reinlaßöder: Mir ist vorhin aufgefallen, daß du Paare mit unerfülltem Kinderwunsch ganz oft so beschreibst, als wär' das nichtvorhandene Kind doch irgendwie schon da. Als hätten sie schon eine Beziehung zu ihm. Das ist nicht zufällig ein Kniff, mit dem du auch in der Therapie arbeitest?

Brigitte Lämmle: Also langsam wirst du mir unheimlich *(lacht).* Aber genau damit kann man sehr effektiv arbeiten. Man kann zum Beispiel auch einen Rollentausch durchführen.

Rolf Reinlaßöder: Wie meinst du das?

Brigitte Lämmle: Wenn zu mir ein Paar kommt, das so gerne ein Kind will und keines bekommt, dann sage ich denen: *„Stellt euch euren Wunsch auch mal aus der Perspektive des Wunschkindes vor! Was wollt ihr eurem Kind mitgeben? Was könnt ihr eurem Kind mitgeben?"* Das ist eine Art Spiel, das ich dann mit den beiden mache. Damit werfe ich – das ist natürlich nur symbolisch gemeint – das Kind als dritten Beteiligten mit in den Ring. Das Kind bekommt eine eigene Stimme. Dann kann man fragen: *„Was bedeutet das für das Kind, nicht gezeugt und nicht geboren zu werden? Wie wird es euch in zwei Jahren sehen?"*

Wenn ein Paar seinen Kinderwunsch auch aus der Perspektive erlebt, kann dadurch oft ein großes Stück Klarheit gewonnen werden.

Rolf Reinlaßöder: Bis sich ein Paar all diesen Fragen stellt, vergehen oft Jahre. Jahre, in denen sie von Arzt zu Arzt gelaufen sind: Sie zu drei Gynäkologen, er zu drei Urologen.

Brigitte Lämmle: ... und die Ärzte haben ihnen dann einen Terminkalender verpaßt und darin wurden die fruchtbaren Tage angekreuzt und am besten auch noch die Uhrzeiten. Wenn ich mir vorstelle, ich müßte mittags um zwölf Uhr vögeln und hätte vorher gerade noch mit dem Handy einen Geschäftsabschluß: *(lacht)* Rolf, ich würde mich da schwertun. Da kommt ja ein unglaublicher Streß hinzu, da kann sich doch kein Mensch mehr fallenlassen!

Rolf Reinlaßöder: Streß wirkt medizinisch betrachtet ganz schnell auf die Fruchtbarkeit. Die Spermienqualität des Mannes verändert sich.

Brigitte Lämmle: Das zum einen. Zum anderen wirkt so ein Streß natürlich auch auf die Beziehung. Was ist dann bei diesem Paar mit der Vitalität beim Sex, dieser Lust, dem Lachen – diesem ganzen Spektrum? Wenn das längere Zeit nur nach Zeitplan geht, dann kannst du deren Sexualität wahrscheinlich beerdigen.

In meiner Praxis war ein Paar, das diese ganze Geschichte mitgemacht hat – auch die Belastung der späteren künstlichen Befruchtung: Vögeln am besten zwischen 16.3o Uhr und 18.3o am Montag und dann wieder am Dienstag am besten zwischen 6 und 7 Uhr – zig Termine in der Klinik, Hormonbomben, damit die Eizellen richtig schön reif werden ... all das. Und weißt du, was dann passiert ist? Der Mann ist fremdgegangen. Der wollte mal wieder Spaß im Bett haben.

Rolf Reinlaßöder: Kann ich mir lebhaft vorstellen. Aber wie kann ein Paar, daß so verzweifelt versucht, ein Kind zu zeugen, denn überhaupt wieder durchatmen – ohne daß einer ausbüchst?

Brigitte Lämmle: Möglicherweise dadurch, daß es seinen Blickwinkel ändert. Sich nicht mehr nur darauf konzentriert, daß alles von diesem Wunschkind abhängt. Hilfreich könnte es sein, auch mal den Gedanken zuzulassen: Was könnte denn *statt* eines Kindes gesetzt werden? Was könnte diesen Platz einnehmen?

Rolf Reinlaßöder: Etwas Verbindendes zwischen den beiden ...

Brigitte Lämmle: Vielleicht geht es ihnen dann auch wie einer Freundin von mir, die nie ein Kind wollte. Die ist ein Knüller im Sich-um-die-eigene-Achse-Drehen. Dabei ist sie fröhlich, gut gelaunt, unkompliziert und alleinunterhaltend. Ihr Mann ist mit ihr vollauf beschäftigt und scheint ebenfalls sehr zufrieden zu sein: Die beiden bemuttern und bevatern sich gegenseitig und ihre Katzen und ihre Pflanzen und ihre Freunde ...

Rolf Reinlaßöder: Vielleicht sucht man auch was, was mit Kindern zu tun hat.

Brigitte Lämmle: Das habe ich mal bei einem Paar erlebt, da war er 5o und sie Mitte 4o. Zunächst wollten die unbedingt ein Kind, aber dann kam keins, und sie haben sich überlegt: Was könnten wir denn stattdessen in die Welt setzen? Da sind sie auf die Idee gekommen, sich um ein behindertes Kind in einem Pflegeheim zu kümmern. Sie haben da quasi eine Patenschaft übernommen und betreuen immer am Wochenende bei sich zu Hause dieses Kind. Sie sind ganz glücklich, daß sie dabei auch das ganze Alltagsspektrum mit einem Kind erleben, daß es dazu gehört, mal vom Kind genervt zu sein, erschöpft zu sein – daß es auch anstrengend ist. Auch, daß sie manchmal montags dann wieder aufatmen.

Rolf Reinlaßöder: Du sprichst das Alter an. Von der medizinischen Seite her wird das gebärfähige Alter ja immer weiter nach oben verlängert. Was sagt die Familientherapeutin. Gibt's einen Punkt, an dem du die Nase rümpfst und sagst: *„In d e m Alter noch ein Kind?"*

Brigitte Lämmle: Also, als ich schwanger war, da hatte ich damals so einen uralten Frauenarzt – so mit Hörrohr auf den Bauch – da war ich um die 31, und er hat zu mir gesagt: *„Mädchen, jetzt bist du allmählich 'ne Spätgebärende."* Mit 31!!! Aber ich habe mich trotzdem sehr wohl gefühlt. Ich hatte ja schon einen reichen Erfahrungsschatz. Die Partnerschaft zu meinem Mann war ausgelotet, mir war auch klar, wie ich es mit Beruf und Kind halte, also welche Präferenzen es gibt. Das alles kann man in die Waagschale werfen, wenn die Frage kommt: In welchem Alter noch ein Kind.

Selbst mit 60 kann ein jugendlicher Vater mit seiner Flexibilität einem Kind eine Menge mitgeben. Ich halte nicht viel von diesen platten Sätzen: *„Mensch, was machst du, wenn dein Kind bei der Einschulung gefragt wird: Ist das deine Oma?"*

Deshalb: Ich möchte mich nicht auf ein Alter festlegen. Aber ich möchte immer wieder in die andere Waagschale legen: Sucht eine Antwort auf die Frage: Was geben wir *dem Kind* mit? Es ist mir ganz wichtig: Bezieht auch das Kind mit ein in eure Überlegungen.

Ablösung

GEDÄCHTNISPROTOKOLL BRIGITTE: EIN ANRUF IN „LÄMMLE LIVE"

Rolf moderiert: „Die nächste Anruferin ist 27. Sie sagt, sie möchte mit Brigitte sprechen, weil sie immer Streit mit ihrer Mutter hat."

Sie beginnt zu erzählen. Ich höre eine helle Stimme. Sie spricht lebhaft, quirlig, dabei nicht hektisch; gut durchgeatmet.

„Eigentlich ist das ja blöd, wegen so was anzurufen. Aber, na ja, ich mach's trotzdem, vielleicht hilft's ja wirklich, und vor allem: Es nervt mich echt total. Ich denke mir, da muß sich echt was ändern ..."

Ich spüre bei mir Bewunderung für die junge Frau ebenso wie für ihre Mutter. Ich denke: Die beschwert sich nicht über ihre Mutter, sondern will das für sich in den Griff kriegen. Ich frage: Gib doch mal ein Beispiel für einen konkreten Streit!

Sie sagt: „Eigentlich schäm ich mich ja 'n bißchen, weil das so 'ne Lapalie ist."

Ich spüre, sie braucht noch was. Ich biete etwas von mir an. Ich sage:

„Also, bei uns zu Hause wird auch nicht sehr anspruchsvoll gestritten. Die Frage ,Wer geht jetzt Milchholen?' gehört bei uns schon zu den intellektuellsten."

Sie lacht. Der Hahn ist geöffnet. Sie sprudelt los:

„Neulich hab' ich sie wieder mal besucht. Ich hab' mir 590mal vorgenommen: Ich laß mich nicht mehr provozieren. Auch dieses Mal. Ich bin mit dem Auto hingefahren und hab' direkt vor dem Haus meiner Mutter geparkt. Und zwar bin ich verkehrtrum in die Parklücke 'reingefahren, gegen die Fahrtrichtung. Ich bin noch nicht mal richtig ausgestiegen, da kommt meine Mutter schon gerannt und ruft von weitem: ‚Mußt du denn unbedingt falschrum Parken?' Ich sage: ‚Was soll das denn? Laß mich doch einfach machen, wie ich will!' Und schon krachts ..."

Bei mir laufen Szenen wie in einem Stummfilm ab. Ich denke: Wie Laurel und Hardy. Die steh'n da im Vorgarten und sägen Zug um Zug alles kurz und klein. Die kontrollierte Eskalation des komischen Schreckens. Ich möchte eigentlich lachen. Aber da ist noch was. Eine Falle. Wird da ein Konflikt weggelacht? Ich frage:

„Hat dich das überrascht, daß deine Mutter so aufs Falschparken reagiert hat?"

Sie sagt gedehnt: „Naaain ..."

Ich spüre: Sie ahnt, daß ich dieses Mal die Falle aufgestellt habe. Ich lasse sie zuschnappen:

„Dann hat das Falschparken ja seinen Sinn erfüllt. Deine Mutter hat wieder mal genau das getan, was du erwartet hast."

Sie lacht: „Stimmt."

Ich spüre: Sie übernimmt Verantwortung für ihren Teil des Spiels. Jetzt könnte das Spiel verändert werden. Ich versuche es:

„Ärgert dich das, wenn ich das so sage?"

Sie sagt: „Nee, eigentlich nich'. Du hast da ziemlich genau getroffen."

Ich spüre Festigkeit in ihrer Stimme. Kein Lachen. Anerkennung. Ich spüre, daß ein Druck verschwindet. Gleichzeitig mein Gefühl: Diese Anerkennung gehört nicht zu mir. Sie gehört zu jemand anderem. Ich sage deshalb möglichst weich:

„Kannst du dir vorstellen, dich mit dieser Haltung vor deine *Mutter* zu stellen und zu sagen: ‚Stimmt, war auch beschissen eingeparkt'?"

Noch im Sprechen merke ich: Hier fehlt noch was. Sie braucht diesen Streit noch. Sie wird ihn noch nicht hergeben können. Ich gebe hart dazu ...

„Nein, nein, du willst lieber noch 'ne Runde streiten."

> Sie sagt: „Rechtgegeben hab' ich ihr wirklich noch nie."
>
> *Sie klingt zögerlich. Gleichzeitig spüre ich, wie bewegt sie ist. Ich möchte behutsam sein. Noch etwas fehlt. Ein Angebot. Ich sage ganz allgemein:*
>
> „Wenn man jemanden innig umarmt, dann kann man ihn hinterher auch loslassen."
>
> *Ich beende das Gespräch.*

Rolf Reinlaßöder: Ich hatte gerade das Abi, Mitte der 70er, war 19 und habe mich unheimlich stark und selbständig gefühlt, als ich von zuhause ausgezogen bin. In eine winzige Wohnung unterm Dach mitten im Zentrum von Köln – 50 Quadratmeter –; aber ich war unabhängig. War frei! Mensch, was habe ich mich da stark gefühlt! Damals habe ich gedacht: So, jetzt hast du dich abgenabelt, stehst wirklich auf eigenen Füßen.

Das ist jetzt mehr als 20 Jahre her, aber ich muß zugeben, ich habe den Eindruck, so richtig abgelöst habe ich mich von meinen Eltern bis heute noch nicht – innerlich zumindest. Inzwischen merke ich, daß ich mir immer mehr Sorgen um den Gesundheitszustand meiner Eltern mache.

Brigitte Lämmle: Das ehrt dich, das ist auch völlig verständlich: Ab einem gewissen Alter hat die Sorge um die Eltern ja auch schon allein aufgrund der biologischen Tatsachen ihre Berechtigung. Ich fände es eher seltsam, wenn das nicht käme. Aber wir haben ja oft so eine diffuse Vorstellung von Ablösung.

Klar, der Auszug weg von Mama und Papa ist eine ganz einschneidende Phase. Aber er ist eben nur *eine* Phase von vielen. Mit der räumlichen Trennung bin ich ja nicht automatisch auch in meinen Gedanken und Gefühlen abgelöst von Mama und Papa. Ich habe was getan, bin umgezogen. Das ist die *Handlungsebene.* Aber das ist nur eine Ebene, auf der man betrachten kann, was bei der Ablösung der Kinder von ihren Eltern so abläuft. Ich finde es hilfreich, wenn man noch zwei weitere Ebenen hinzunimmt:

Einmal die *Inhaltsebene* – damit ist der *Inhalt* von Gesprächen gemeint, die in der Familie zum Thema Ablösung geführt werden, oder auch der *Inhalt* von Gedanken und Überzeugungen, die sich der einzelne macht. Da stößt man zum Beispiel auf Sätze wie *"Natürlich kann mein Kind gehen und sein eigenes Leben leben."*

Und dann noch die *Beziehungsebene.* Auf der kann sich wieder was völlig anderes abspielen. Natürlich kann ich ernsthaft davon überzeugt sein, daß es gut und richtig ist, wenn mein Kind mit 20 Jahren das Haus verläßt und seinen eigenen Weg geht. Und trotzdem kann es mir passieren, daß ich innerlich nicht richtig loslassen kann und daß mein Kind unterschwellig vermittelt bekommt: *"Es ist nicht gut, wenn du gehst, dann verliert mein Leben seinen Sinn."*

Auf diesen drei Ebenen läuft Ablösung ab, und sie dauert ein Leben lang.

Rolf Reinlaßöder: Uff, lebenslänglich! Gut, daß ich das mit 19 noch nicht gewußt habe. Da wäre ich sicher nicht so euphorisch gewesen, als ich tagelang in dieser Dachzimmerwohnung die Tapeten abgekratzt habe.

So wie du das jetzt andeutest, beginnt dieser Prozeß auch nicht erst mit dem Wegziehen von zu Hause.

Brigitte Lämmle: Stimmt genau. Eigentlich beginnt die Ablösung der Kinder von ihren Eltern ja schon mit der Geburt. Das Ganze läuft aber nicht kontinuierlich ab, sondern in verschiedenen Phasen. Und die sind mal geruhsamer und mal ziemlich heiß.

Rolf Reinlaßöder: Also bei meinen eigenen Kindern ging's so mit zweieinhalb, drei Jahren ziemlich heiß her ...

Brigitte Lämmle: ... das Trotzalter. Brandheiß! Das ist eine der ganz wichtigen Verselbständigungsphasen. Eine andere, genauso wichtige, ist die Pubertät. Da wird's auch wieder heiß werden. Kannst dich drauf verlassen!

Rolf Reinlaßöder: Solche Verselbständigungsphasen verlangen ja auch den Eltern einiges ab, an Geduld und an Energie zum Beispiel. Was kann man als Eltern tun, um das mit seinen Kindern möglichst gut durchzustehen? Kann man sich auf diese Phasen vorbereiten?

Brigitte Lämmle: Selbständig werden bedeutet ja auch ganz wesentlich: selbständig entscheiden lernen. Ich halte es deshalb für sehr wichtig, daß man Kinder schon sehr früh an Entscheidungssituationen ranführt. Also zum Beispiel: Heute nachmittag scheint die Sonne. Wir haben Zeit, was Schönes zu machen, ich muß aber auch noch Wäsche bügeln. Also frag' ich jetzt mal: *"Wir können jetzt gleich ins Schwimmbad gehen und dafür nachher zu Hause bleiben, oder wir bleiben jetzt hier und besuchen später die Omi. Was willst du lieber?"*

Rolf Reinlaßöder: Da sage ich als Kind jetzt mal: *"Erst Schwimmbad geh'n, dann Omi besuchen, gar nich' zu Hause bleiben!"*

Brigitte Lämmle: Ich seh' schon, als Kind bist du gerade in einer schwierigen Phase! Ich hätt' mit meinen Entscheidungsübungen schon früher anfangen müssen *(lacht)*.

Aber du hast mit deiner Antwort natürlich genau den Knackpunkt getroffen: Einerseits geht es darum, „dir" als Kind ganz früh die Möglichkeit zu geben, Entscheidungen zu treffen. Und andererseits gelten für deinen Entscheidungsbereich ganz klare Grenzen. Und die muß man als Eltern auch konsequent durchziehen. Ich hab' ja immer noch meinen Wäscheberg, und der muß heute noch weg, darüber kannst du nicht entscheiden, sowenig wie du entscheiden kannst, im Winter draußen ohne Schuhe zu spielen. Aber: Ich gebe dem Kind innerhalb dieses festen Rahmens die Möglichkeit zu entscheiden. Und in dieser Entscheidung beinhaltet einfach das Wörtchen „ich" eine ganz wichtige Funktion.

Rolf Reinlaßöder: Du meinst, wenn ein Kind „ich" sagt, registriert es, daß es eine eigenständige Person ist, daß es nicht mit Mutter und Vater verschmolzen ist. „Ich sagen" bedeutet, eine Vorstellung von sich selbst zu haben.

Brigitte Lämmle: Und in dem Augenblick, in dem ein Kind präzise sagen kann *„Ich will"*, oder vielleicht auch schon dieses *„Selbermachen, selbermachen"*, artikuliert es einen eigenen Wunsch. Das ist für die Ablösung ein ganz wichtiger Schritt. Wenn ein Kind innerhalb eines präzise gesteckten Rahmens, den die Familie vorgibt, diesen „Ich-Satz" sprechen kann, würde ich schon mal von einem gelungenen Ablöseschritt sprechen.

Daß dieser Prozeß in der Kindheit von den Eltern gefördert wird, ist ganz wichtig. Also: Selbständige Entscheidungen fördern und ernst nehmen. Und in den schwierigen Phasen kann ich als Elternteil dann sozusagen wie in einem Test ablesen, ob das auch auf der *Beziehungsebene* geglückt ist.

Rolf Reinlaßöder: Laß uns mal ein paar Jahre überspringen. Das Kind ist jetzt 18. Es ist in der Schule der totale Versager und sagt seinen Eltern: „*Ich hab' keinen Bock drauf. Das ist meine Entscheidung!*"
Brigitte Lämmle: Das klingt zwar nach eigenständiger Entscheidung, kann aber auch genau das Gegenteil bedeuten, nämlich daß die Ablösung nicht gut funktioniert hat. Kann – muß nicht.
Rolf Reinlaßöder: Wie das?
Brigitte Lämmle: Ganz einfach: Wenn jemand in der Schule alles schleifen läßt, kann das auch ein Hinweis darauf sein, daß er die Verantwortung für sein eigenes Leben eben nicht in die Hand genommen hat. Oder, um's mal kraß zu sagen: Wer in der Schule versagt, wird auch nicht selbständig.
Rolf Reinlaßöder: Klingt ganz schön happig ...
Brigitte Lämmle: ... ist aber was dran! Natürlich mußt du dir da erstmal ein genaueres Bild machen. Ich würde bei einem Achtzehnjährigen auch nicht *nur* auf die Schulleistung schauen. Wie ist es zum Beispiel mit dem Taschengeld? Liegt er da nur dem Papa oder der Mama auf der Tasche, oder jobbt er und verdient sich selbst Geld dazu? Hat er also als junger Mensch die Verantwortung für seine eigene Versorgung übernommen – zumindest einen Teil davon?
Rolf Reinlaßöder: Das scheint mir aber auch nur ein *Teil* der Geschichte zu sein. Oft fällt es ja auch den Eltern nicht grade leicht, den Kindern die Verantwortung für ihr Leben zu überlassen, auch wenn sie da vielleicht ganz anders drüber reden.
Brigitte Lämmle: Geb' ich zu! Klar ist es oft schwieriger, auf der *Beziehungsebene* das auch zu leben, was man auf der *Inhaltsebene* so sagt und sich denkt.

Für mich war das bei meiner Tochter auch so eine Geschichte: Als sie 18 war, kam sie und sagte: „*Mama, ich möchte gerne drei Monate zum Schüleraustausch nach Frankreich.*" Bums! Im ersten Moment hab' ich mich in meinen Sessel fallen lassen und wußte gar nicht, was ich sagen sollte. Aber ich konnte eben auch sehen: Sie übernimmt auf der Beziehungsebene ganz klar die Verantwortung für ihre Versorgung. Auch auf der Handlungsebene hat sie die ganze Chose selbst organisiert. Und das war gut so. Das hat mich gleichzeitig auch riesig stolz auf meine Tochter gemacht. Laß mich mal ganz poetisch sein: Das sind Momente, da leuchtet eine Facette vom Stern der Selbständigkeit auf.

Rolf Reinlaßöder: Ich schätze nur, als du in der Situation gesteckt hast, war dir gar nicht so poetisch zumute ...
Brigitte Lämmle: ... es war schon beides: Stolz und Trauer. Richtig gemischte Gefühle. Aber ich verrat' dir was: Als die dann in Frankreich war, bin ich wochenlang jeden Morgen zum Briefkasten gerannt und war total gefrustet.
Rolf Reinlaßöder: Weil er leer war?
Brigitte Lämmle: Mhm!
Rolf Reinlaßöder: Schöne Grüße von der Beziehungsebene! Und dabei war das ja für deine Tochter wahrscheinlich alles viel einfacher. Ein spannendes, neues Land, neue Freundinnen ...
Brigitte Lämmle: ... die Freundinnen sind ein wichtiges Stichwort, eben weil die Kinder ja auch ihre Ambivalenzen haben. Für einen jungen Menschen ist es absolut notwendig, daß er selbst für seine sozialen Außenkontakte sorgt. Gerade in der Pubertät ist die Clique für Jugendliche eine zentrale Angelegenheit. Das ist wie eine neue Familie mit neuen Regeln. In der Zeit erleben sie sich in der eigentlichen Familie ganz oft als etwas „Fremdes". Die merken: *„Mein Gott, ich bin ja ganz anders als Mutter und Vater. Das ist meine Schuld. Ich spüre, daß ich ein sexuelles Wesen bin"* – da wurde in der Familie vielleicht nie drüber gesprochen. Also muß ich irgendwie anders sein, und das macht mir Angst. Und es macht mir Schuldgefühle. *Ich* habe mich ja verändert, *Mutter und Vater* sind noch dieselben, die haben sich nicht verändert. Das macht Angst und führt sicherlich vorübergehend zu einem Rückzug, solang' noch keine neue Perspektive da ist.

Ich gehöre dann zwar irgendwie noch dazu, aber es gibt nicht mehr dieses heile „Wir"-Gefühl. Bis zur Pubertät leben Kinder in der „Wir-Identiät" ihrer Familie – die Lebenseinstellung, die Werte, die Haltung gegenüber dem Leben, all das wird durch die Identität der Familie geprägt. Jetzt wird alles anders ...
Rolf Reinlaßöder: ... und die Clique fängt das auf.
Brigitte Lämmle: In der Clique erlebe ich ein neues „Wir"-Gefühl. Da kann ich spüren: Das ist ja in Ordnung mit meinen Veränderungen, das geht den anderen auch so, und ich brauch' mich deshalb nicht schuldig zu fühlen. Eben dieses *„Mensch-bei-uns-ist-es-genauso-Erlebnis"*.

Und dann gibt es auch da ein Einüben von Regeln, von *neuen* Regeln. Da sind wir dann nicht mehr Familie Meier, aber wir sind Familie Clique. Schließlich kommt irgendwann in diesem Prozeß der Punkt, an dem ich sagen kann: *„Und ich steh' dazu, daß ich so bin, wie ich bin."* Aus diesem Grund sind die sozialen Außenkontakte so wichtig. Auch die Freunde. Der *eigene* Freund oder die *eigene* Freundin ...

Rolf Reinlaßöder: ... mit der ich dann gegen den Rest der Welt antreten kann.

Ich weiß noch, daß ich mit meiner ersten Freundin im Winter bei Eis und Schnee im Wald gesessen habe und wir beide die romantischsten Vorstellungen hatten: Wir wollten später mal nach Kanada, eine Holzhütte bauen, nur wir beide. Ganz allein. Ein Leben, daß unsere Eltern nie verstehen würden. Das war ein tolle Zeit ...

Brigitte Lämmle: Und für die Eltern ist auch das ein dicker Brocken im Ablöseprozeß. Denn spätestens jetzt wird vielen schmerzhaft bewußt, daß es keinen Sinn mehr hat, in der Warteschleife zu kreisen und drauf zu warten, das alles wieder wird wie früher.

Rolf Reinlaßöder: Und wer fängt die Eltern auf?

Brigitte Lämmle: Am besten fangen die sich gegenseitig auf! Jetzt ist es für die Eltern wichtig, auch ganz bewußt die Paarebene zu leben! Neben dem Wir-Gefühl als *Familie* wieder verstärkt das Wir-Gefühl als *Paar* in den Vordergrund zu bringen.

Wir sind in den letzten Jahren zum Beispiel immer zusammen mit den Kindern mit dem Rad durch Frankreich gefahren. Dieses Mal hatten die keine Lust. Jetzt habe ich das das erste Mal alleine mit meinem Mann gemacht. Das war was ganz Ungewohntes, Neues. Und da habe ich wieder am eigenen Leib gespürt, daß Ablösung auch heißt, etwas sehr „gefühliges" in den Griff zu kriegen.

Rolf Reinlaßöder: Eine Liebesgeschichte?

Brigite Lämmle: Ja. Schön gesagt. Ablösung bedeutet auch immer, eine Liebesgeschichte in den Griff zu kriegen – die einzelnen Kapitel dieser Geschichte immer wieder zu einem guten Schluß zu bringen.

Rolf Reinlaßöder: Kann das auch bedeuten, die Kinder irgendwann aus Liebe vor die Tür zu setzen?

Es gibt ja immer mehr Nesthocker, die im „Hotel Mama" leben. Leute, die weit über zwanzig sind und die cool sagen:

„Warum soll ich in eine eigene Wohnung ziehn, warum soll ich auf eigenen Füßen stehn? Da muß ich ja bügeln, da muß ich waschen, da muß ich einkaufen, da hab' ich weniger Geld!"

Brigitte Lämmle: Na ja. Also, im Extremfall *kann* es soweit kommen, daß Eltern fast gewaltsam den Kontakt abbrechen oder sogar die Kinder rausschmeißen müssen. Aber das ist mit Vorsicht zu genießen. Ich würde da sehr genau hinschauen, denn solche Extremreaktionen gibt es häufiger bei Familien mit einer gravierenden Störung. Also z. B. bei Psychose- oder Suchtfamilien.

Aber grundsätzlich hast du recht: Es kann tatsächlich Entwicklungen geben, da sollten die Eltern sagen: *„Grade weil ich dich liebe, schmeiße ich jetzt die Tür zu."* Damit schafft man Fakten auf der *Handlungsebene* und hofft, daß die Veränderung auf der *Beziehungsebene* sozusagen nachzieht. Solche Fakten kann man aber auch durch weniger scharfe Bedingungen schaffen. Wenn man zum Beispiel zu einem angehenden ewigen Studenten sagt: *„Bis zu deinem 27. Lebensjahr zahl' ich dir noch den Scheck, danach aber keinen Pfennig mehr."* Oder zu einem Dauergast im „Hotel Mama": *„Hier hast du den Wäschesack, da kannst du deine Wäsche reintun. Bring sie gefälligst selber runter zur Waschmaschine."* Das sind auch Maßnahmen, die in Richtung Rausschmeißen gehen. Die können sehr, sehr sinnvoll sein, wenn es darum geht, Grenzen aufzuzeigen.

Also: Bevor ich ein Kind rausschmeiße, die Schlüssel zurückfordere oder selbst die Schlösser austausche, würde ich einen dieser Schritte ausprobieren.

Rolf Reinlaßöder: Deine beiden Kinder sind jetzt um die 20. Wo leben die denn eigentlich?

Brigitte Lämmle: (kleinlaut) Hotel Mama *(lacht)*!

Rolf Reinlaßöder: Wenn deine Kinder aus dem Haus gehen, wenn deine Kinder weg sind, heißt das ja auch für dich, andere Lebensinhalte in den Vordergrund stellen, andere Schwerpunkte setzen.

Brigitte Lämmle: Ja, und es macht mich auch total traurig. Ich habe neulich im Bett gelegen und hab' zu meinem Mann gesagt, wirklich weinend: *„Jetzt haben wir es zwanzig Jahre lang so schön gehabt, warum soll ich jetzt einsehen, daß einer geht?"* Im Psychodeutsch hieße das: Wir haben eine *„Wir-Identität"*, ein *„Wir-Miteinander"* gestaltet, das einfach rund war. Nicht immer nur harmonisch, aber schön. Schön heißt für mich auch: Sich auseinandersetzen, sich streiten können. Es ist schon schwer, so was zu verlassen, wenn man es mal gehabt hat. Aber ich hoffe, das so hinzukriegen, daß meine Kinder auch das Gefühl haben, wirklich gehen zu *dürfen*. Denn mein Mann und ich, für uns beide geht das Leben weiter. Wir können uns sehr wohl vorstellen, was wir machen, wenn beide Kinder aus dem Haus sind.

Ich hoffe allerdings schon auf Enkelkinder, nur mein Mann sagt: *"Kommt überhaupt nicht in Frage!"* Ich geb' dann meistens zurück: *"Bist du jetzt schon gegen meine Enkelkinder?"* *(lacht)*. Aber im Ernst: Wir haben durchaus 'ne Möglichkeit, uns vorzustellen, wie's ist, wenn wir zu zweit bleiben. Jeder von uns kann mit seiner Zeit was anfangen. Das scheint mir ganz wichtig zu sein in Familien, die loslassen können: Jeder hat seinen *eigenen* Stand und das *Paar* hat einen Stand.

Rolf Reinlaßöder: In vielen Familien herrscht aber genau die umgekehrte Situation: Die Eltern leben nur für die Kinder und durch die Kinder.

Brigitte Lämmle: Und die Kinder bekommen unterschwellig die Botschaft vermittelt *"Ich brauche dich, ich brauche dich!"* Dann sind die Eltern mit den Kindern wie aneinandergekettet. Keiner kann weg.

Rolf Reinlaßöder: Und keiner gibt's zu ...

Brigitte Lämmle: ... Nicht auf der *Inhaltsebene*. Selbstverständlich will eigentlich niemand, daß es seinem Kind schlecht geht. Jeder von uns wünscht seinen Kindern Gutes. Aber bei Familien, die in der Art verstrickt sind, die du jetzt angedeutet hast, können auf der *Beziehungsebene* Botschaften vermittelt werden bis hin zum Kaliber *"Wenn du weggehst und dich um dich selber kümmerst, kann ich nicht weiterleben."*

Das heißt: Vom Wissen her ist diese Unterstützung da, dieses *"geh' du nur raus."* Nur, die Haltung, die die Familie dabei einnimmt, bedeutet im Grunde genommen: *"... aber werd' nur mit mir zusammen glücklich."*

Rolf Reinlaßöder: Das kann nicht funktionieren. Eine Falle.

Brigitte Lämmle: Eine Falle, und zwar für alle. Für die Eltern genauso wie für die Kinder. Und natürlich reagieren auch die Kinder letztendlich aus Liebe auf diese versteckten Botschaften. Sie wollen den Eltern den Trennungsschmerz nicht zumuten. Gleichzeitig wollen sie aber auch raus. Weil's ihnen zu eng wird in der Familie, weil's einfach ansteht. Daraus entsteht eine unendliche Spannung, eine wilde Mischung aus Angst, Schmerzen und auch Sehnsucht. In einer solchen Konstellation noch Entscheidungen zu treffen, ist für alle Beteiligten nahezu unmöglich. Sie sind wirklich aneinandergefesselt.

Rolf Reinlaßöder: Wenn sich der Knoten in einer Familie schon so eng gezogen hat, wie kann man den jemals wieder aufkriegen?

Brigitte Lämmle: Nur wenn man an *beiden* Enden des Knäuels arbeitet. Wir haben ja schon gesagt: In so einer Verstrickung gibt es beides: Das Streben nach draußen: *„Ich will weg"*, und gleichzeitig das Gefühl: *„Ich kann nicht."* Wenn du jetzt an einem Ende ziehst und beispielsweise zum Kind sagst: *„Geh weg!"*, oder *„Trenn dich!"*, dann zieht sich der Knoten nur noch fester zu. Also brauchen wir was, was das Tau von beiden Seiten her lockert.

Rolf Reinlaßöder: Und wo findet man das?

Brigitte Lämmle: Auf der Nutella-Ebene

Rolf Reinlaßöder: (lacht) Wo ist denn die?

Brigitte Lämmle: Manche Kollegen sagen auch: *„Laß dich noch mal pampern!"*

Rolf Reinlaßöder: Wird ja immer doller ...

Brigitte Lämmle: Mit Nutella-Ebene meine ich folgendes: Wir führen so eine Art Zwischenphase ein. Du gehst deinen Weg, hältst dir aber auch die Möglichkeit offen, immer mal wieder in Mutters Küche zu gehen, um noch mal Kind zu sein und dir dein emotionales Nutella-Brot schmieren zu lassen. Und danach gehst du wieder für vierzehn Tage nach außen.

Ich glaube, dieser Ambivalenz, wenn man eigentlich gleichzeitig geh'n und bleiben will, der kann man am besten Gerechtigkeit widerfahren lassen, wenn man sagt: *„Geh doch noch mal zurück, laß dich doch noch mal knutschen, und geh dann wieder in dein Leben."*

Rolf Reinlaßöder: Und es ist auch ein Weg für Eltern, mit ihren gemischten Gefühlen zurechtzukommen.

Brigitte Lämmle: Eben! Auch die Eltern können so ihre Ambivalenz *leben*, statt sich von ihr lähmen zu lassen. Einerseits können sie das Gehenlassen üben und sich andererseits noch mal so richtig drüberstülpen und die Kinder verwöhnen.

Rolf Reinlaßöder: Es gibt ja solche Sätze, mit denen sich Eltern der Liebe ihrer Kinder rückversichern. *„Du magst mich doch noch?"* oder *„Vermißt du mich nicht manchmal?"* und *„Ich bin ganz einsam ohne dich."* Richten solche Sätze etwas an?

Brigitte Lämmle: Also, jetzt sollten wir aufpassen, das wir nicht über das Ziel rausschießen. Es ist ja auch wieder nicht so, daß jede liebe Äußerung der Eltern gleich die Ablösung ihrer Kinder verhindert. Du hast jetzt natürlich bewußt Sätze ausgesucht, die so doppeldeutig klingen; einerseits nach Liebe-Geben, aber andererseits auch nach Etwas-Fordern. Es bringt jetzt aber auch nichts, zu sagen: *„S o l c h e Sätze darfst du sagen, und s o l c h e nicht"*, da würden wir nur auf der Inhaltsebene 'rumdoktern. Wichtig ist, was auf der Beziehungsebene passiert, und das mußt du im Einzelfall betrachten.

Laß mich mal ein Beispiel bringen, bei dem ich an mir selber beobachte, wie ich in so einer Ablösephase nicht mehr normal reagiere: Mein Sohn ist jetzt in dem Alter, in dem er eigentlich von zu Hause weggehen müßte, und ich spüre, er wird gehen. Ich denk' mir jetzt: Ich müßt' es ihm noch so schön wie möglich machen, solange er da ist, *und* ich merke, wie ich Diskussionen ausweiche, die eigentlich dran wären. *„Verdammt noch mal, kannst du nicht wenigstens den Getränkekasten holen, ich mach' hier alles"*, hätte ich früher gesagt. Jetzt mach' ich's nicht. Also: Ich vermeide solche Konflikte, weil ich denke er soll es noch mal schön haben. Ich glaube, auf diese Art und Weise zeigen wir auch, wie schwer es ist, sich wirklich zu trennen.

Rolf Reinlaßöder: Gibt es ein Alter, von dem man sagt, da müßt' einer von seinen Eltern abgelöst sein?

Brigitte Lämmle: Ich habe das Ablösen eigentlich geübt, bis meine Eltern gestorben sind – da war ich 49. Ich bleibe dabei: Es ist ein lebenslanger Prozeß. Auch die Trauer um den Tod der Eltern ist noch einmal eine schwierige, aber wichtige Phase in diesem Prozeß. Und nicht einmal dann muß es so sein, daß er wirklich abgeschlossen ist. Manchmal ist es noch lange danach so, als hätte man so was wie Tonbänder in seinem Kopf, auf denen manche Texte von den Eltern aufgenommen sind. Es ist, als würde man ihre mahnenden Stimmen hören, die einem sagen, was man tun und lassen soll. Und plötzlich fühlt man sich wieder ganz klein und häßlich.

Rolf Reinlaßöder: Was kann man machen, um solche Bänder zu löschen?

Brigitte Lämmle: Ich versuche dann ganz erwachsen zu sein, und ich sage zu meinem „inneren Vater" – sehr liebevoll, aber auch bestimmt: *„Jetzt halt aber mal die Klappe."* Und dann is' er still *(lacht).*

Rolf Reinlaßöder: Der Tod ist ja nun der endgültige Abschluß einer solchen Phase. Wie ist das bei den anderen Abschnitten? Gibt es auch Rückschritte?

Brigitte Lämmle: Rückfallgefährdet ist man immer *(lacht).* Wir haben ja schon gesagt: Ablösung läuft nicht kontinuierlich ab. Da gibt es Phasen, in denen alles ganz schnell geht, aber auch Rückschritte und Stockungen.

Ich hatte zum Beispiel zwei Jahre lang einen völligen Kontaktabbruch zu meinen Eltern. Wir konnten überhaupt kein Wort mehr miteinander wechseln. Im Nachhinein scheint mir diese Phase aber wichtig gewesen zu sein. Denn danach konnte etwas Neues weitergehen.

Rolf Reinlaßöder: Deine heiße Phase – mit Von-zu-Hause-wegziehen und allem – die lag ja in den 60ern, also in einer Zeit, in der die Generationskonflikte viel schärfer waren. War damals die Ablösung schwerer oder leichter als heute?

Brigitte Lämmle: Ich weiß noch, wie rigide und autoritär damals der Erziehungsstil war. Mein Vater hat wirklich auf den Generationsunterschied bestanden. Diese Elternhaltung: *„Wir sind die Eltern und bestimmen hier"* oder *„Wenn du mit uns Radio hörst, schnief gefälligst nicht."*

Wenn wir Urlaub machten, dann mußte ich mich selbstverständlich nach meinen Eltern richten. Und die waren furchtbar pingelig. Als ich dann ausgezogen bin, hab' ich mir auf der Inhaltsebene gesagt: *„Gott sei Dank, jetzt kann ich endlich mein Radio hören, ohne das ich eins auf die Mütze kriege."* Und das hat es auch leichter gemacht, auf der Handlungsebene meine Konsequenzen zu ziehen, also die gemeinsame Wohnung zu verlassen. Aber auf der Beziehungsebene, glaube ich, war es in den 60ern kein bißchen leichter, sich als Jugendlicher von den Eltern zu lösen, als heute. Da hat sich wenig geändert – auch wenn es auf den ersten Blick so aussehen mag.

Nur: Was die Generationen heute miteinander machen, ist für beide Seiten viel genüßlicher. Diese Trennlinie zwischen den Generationen ist einfach nicht mehr so streng durchgezogen. Wir machen immer noch Urlaub, der *allen* Spaß bringt. Und meine Kinder sagen mir heute: *„Ich will jetzt mit meinem Freund zwitschern, hast du nicht was anderes in der Küche zu tun?"* Bei meinen Eltern wäre das natürlich ganz undenkbar gewesen.

Rolf Reinlaßöder: Einiges scheint mir durch diese neuen Freiheiten aber auch schwieriger geworden zu sein. Früher gab es ja auch so etwas wie einen Generationenvertrag. Der Vater war Metzger, dann wurde es der Sohn auch. So einfach war das.

Brigitte Lämmle: Oder schau dir doch die vielen alten Firmennamen an: Schmidt und Sohn. Kuckeleisen und Sohn. Das gibt es heute ja kaum noch, stimmt! Aber ich weiß nicht, ob das wirklich einfacher war, sich aus einem solchen Verhältnis zu lösen. Auf jeden Fall war ein Lebensweg oft klarer erkennbar. Heute sagen die Kiddies doch: *„Bin ich bescheuert, ich gehe doch nicht ins Geschäft vom Vater."* Aber das läuft mehr auf der Inhaltsebene, und natürlich auch auf der Handlungsebene, weil sie's ja tatsächlich auch nicht tun. Aber auf der Beziehungsebene gibt es solche Generationenverträge heute immer noch. Das erlebe ich bei mir in der Praxis häufig. Das sind auch wieder versteckte Botschaften, die Familien ihren Kindern ganz individuell mitgeben, nur in einer anderen Tonart. Wenn man sorgfältig hinschaut, kann man sie aufspüren. So etwas wie: *„Du Kind mußt als Erwachsener mir Vater einen Lebenssinn geben. Wenn du nicht wirklich erfolgreich wirst als mein Sohn, dann war ich als Vater ein Versager."*

Das Problem dabei ist, daß bei solchen Konstellationen der Vater oft auch bestimmt, *was* Erfolg *ist.* Vielleicht meint *er* mit Erfolg: Abitur, BWL-Studium, Auslandssemester, Doktortitel, Firma, Bumms-aus! Der Sohn hat *seinen* Erfolg aber auf einem ganz anderen Feld. Meinetwegen ist er musisch begabt, oder er hat Stärken im sozialen Bereich.

Das alles gibt es heute noch genauso. Nur ist es etwas weniger offensichtlich.

Rolf Reinlaßöder: Dafür gab es früher weniger Alleinerziehende als heute. Tun sich die grundsätzlich schwerer mit dem Ablöseprozeß?

Brigitte Lämmle: Auch das kann man nicht über einen Kamm scheren. Da mußt du dir jeden einzeln ansehen.

Grundsätzlich kann man aber sagen, daß Alleinerziehende mit ihren Kindern meistens ein sehr, sehr enges Band verbindet. Einfach deshalb, weil sie eine sehr lange, sehr enge Zeit der Zweisamkeit teilen. Wenn jetzt der Wunsch auftaucht „*Ich möchte da rausgehen*", kann sehr viel Härte entstehen, denn es ist hart, so viel Nähe aufzugeben. Du wirst also beides beobachten können: eine starke Sehnsucht: „*Ich will raus*", und eine starke Angst: „*Es wird uns sehr schwer fallen.*"

Und noch etwas anderes kannst du da fast immer beobachten: Wir haben ja vorhin schon über das Wir-Gefühl gesprochen. In Familien mit zwei Elternteilen muß darum ja auch oft ziemlich hart gekämpft werden, was die Lebenseinstellungen betrifft, die Standpunkte, Werte. Da kann es ja auch zwischen den Eltern ordentlich krachen. Für das Kind hat das auch einen Vorteil. Es weiß dann nämlich schon, daß man auch in so grundlegenden Dingen ganz unterschiedlicher Meinung sein kann. Und wenn es dann in der Pubertät damit anfängt, für seine eigenen Ansichten einzustehen, ist ihm das nicht völlig neu. Für die Kinder von Alleinerziehenden ist das anders. Die erleben dieses Gefühl, daß Lebensgrundlagen auseinanderdriften können, in der Pubertät oft zum erstenmal. Und dann sind auch noch *sie* die Abweichler – jedenfalls fühlen sie sich so. Diese Entwicklung trifft sie also in gewisser Weise unvorbereiteter und deshalb härter.

Rolf Reinlaßöder: Brigitte, bitte einen Anti-Tip: Was muß man tun, damit eine Ablösung möglichst schiefgeht?

Brigitte Lämmle: Au, da kann ich dir viel dazu erzählen, da bin ich selbst ein gutes schlechtes Beispiel. Also, ich gehe momentan sämtlichen notwendigen Diskussionen aus dem Weg, ich wasche die Wäsche, ich koche nur noch das Lieblingsessen der Kinder, ich fall' meinem Mann ins Wort, wenn er erzieherische Maßnahmen ergreifen möchte, und ich bin immer nett ...

Rolf Reinlaßöder: ... und hilfsbereit ...

Brigitte Lämmle: ... bis mir mein Mann neulich gesagt hat: „*Deine Harmoniesoße ist ja unerträglich!*"– das hilft dann leider *(lacht)*.

Zum Weiterlesen

In Liebe entzweit
Gunthard Weber, Helm Stierlin
(Rowohlt Verlag)

• Eigentlich ist „In Liebe entzweit" ein Buch über Magersucht. Deshalb empfehlen wir es auch im Kapitel „Eßstörungen". Trotzdem ist es eine hochspannende Lektüre für alle, die sich mit dem Auseinanderwachsen von Familien und damit, wodurch dieser Prozeß gestört werden kann, auseinandersetzen wollen. Für Weber und Stierlin tritt Magersucht dann auf, wenn in der Familie der Prozeß der „bezogenen Individuation" gestört ist. Damit ist gemeint, daß jeder Entwicklungsschritt, den ein Kind geht, einerseits eine Form der Trennung von den Eltern mit sich bringt, andererseits die Chance zu einer Bereicherung der Beziehung. Interessant ist dieses Buch auch für alle, die auf ihrem Weg der „bezogenen Individuation" nicht den langen und schmerzhaften Umweg über die Magersucht gehen.

Anhang: Adressen

Adressen von Instituten, die mit systemischen Familientherapie-
modellen arbeiten:

IBS – Institut für Beratung und Supervision
  Heckstr. 25
  52080 Aachen

BIF – Berliner Institut für Familientherapie
  Obentrautstr. 57
  10963 Berlin

IST – Privates Institut für Familientherapie
  Reichstr. 4
  14052 Berlin

NIK – Norddeutsches Institut für Kurzzeittherapie
  Außer der Schleifmühle 54
  28203 Bremen

Dachverband für Familientherapie und systemisches Arbeiten mit
  seinen 26 angeschlossenen Instituten
  Frau Anni Michelmann
  Richard-Wagner-Str. 44
  53115 Bonn

ISTUP – Institut für systemische Theorie und Praxis Frankfurt
  Zeißelstr. 11 a
  60318 Frankfurt

ISS – Institut für systemische Studien Hamburg
  Neumünstersche Str. 14
  20251 Hamburg

NIS – Niedersächsisches Institut für systemische Therapie und Beratung Hannover
  Podbielskistr. 26
  30163 Hannover

IGST – Internationale Gesellschaft für systemische Therapie
  Kussmaulstr. 10
  69120 Heidelberg

APF – Arbeitsgemeinschaft für psychoanalytisch-systemische Forschung und Therapie
  Graf-Adolf-Str. 72
  51065 Köln

ViIST – Verband internationaler Institute für systemische Therapie
  Am Weinberg 12
  35037 Marburg

SGST – Saarländische Gesellschaft für systemische Therapie
  Stefansberg 42, 66662 Merzig

ISTOB – Institut für systemische Therapie und Organisationsberatung
  Sandstr. 41
  80335 München

STIF – Stuttgarter Institut für Familientherapie und Beratung
  Falkertstr. 70
  70176 Stuttgart

IF – Institut für Familientherapie Weinheim – Ausbildung und Entwicklung
  Freiburger Str. 46
  69469 Weinheim

Über die Autoren

Brigitte Lämmle, Diplom-Psychologin, arbeitet als Familientherapeutin in eigener Praxis und als Trainerin und Ausbilderin. Nach einigen Jahren als Lebensberaterin beim Radiosender SWF3 startete 1995 beim Südwestfunk ihre Call-in-Sendung „Lämmle live" im Fernsehen. Weitere Fernsehreihe: „Ratgeberzeit: Psychologie mit Brigitte Lämmle", die sie zusammen mit Rolf Reinlaßöder präsentiert.

Rolf Reinlaßöder arbeitet als Hörfunk- und Fernsehjournalist beim Südwestfunk, Baden-Baden. Er ist Gesprächs- und Interviewpartner von Brigitte Lämmle in der Sendereihe „Ratgeberzeit" und Moderator von „Lämmle live".

Nikolai Vialkowitsch, Diplom-Psychologe. Arbeitet als Hörfunk- und Fernsehjournalist beim Südwestfunk, Baden-Baden. Von Anfang an Mitarbeiter bei der Sendung „Lämmle live".

Patricia O'Hanlon Hudson/William Hudson O'Hanlon

Liebesgeschichten neu erzählen

Ein Lehrbuch für Paare und ihre Therapeuten

Patricia O'Hanlon Hudson
Wiliam Hudson O'Hanlon
→ **Liebesgeschichten neu erzählen**
Ein Lehrbuch für Paare
und ihre Therapeuten
154 Seiten, Kt
DM 39,80/öS 291,–/sFr 37,–
ISBN 3-89670-014-6

In diesem konsequent lösungsorientierten Buch nimmt das Autoren-Paar Abschied von dem in der Paartherapie (und im Leben von Paaren) so beliebten gegenseitigen Schuldzuweisen und Herumanalysieren. Statt dessen zeigen die beiden, wie man bessere Möglichkeiten der Zusammenarbeit beim Lösen der gemeinsamen Probleme findet und destruktive Kommunikationsmuster unterbricht.

Carl-Auer-Systeme Verlag • Weberstr. 2 • D-69120 Heidelberg
Tel.: (0 62 21) 64 38 0 • Fax: (0 62 21) 64 38 22

Cloé Madanes

Sex, Liebe und Gewalt

Therapeutische Strategien
zur Veränderung

Cloé Madanes
→ **Sex, Liebe und Gewalt**
Therapeutische Strategien zur Veränderung
290 Seiten, Kt
DM 54,–/öS 394,–/sFr 49,–
ISBN 3-89670-021-9

Die Autorin beschreibt in diesem Buch ihr familientherapeutisches Behandlungsmodell für das schwierige Gebiet des sexuellen Mißbrauchs. Ihr Modell gilt weltweit als eines der erfolgreichsten. Madanes behandelt nicht nur die Opfer, sondern auch die Täter. Bei der Therapie von rund 70 jugendlichen Sexualstraftätern mit diesem Modell gab es praktisch keine Rückfälle. Madanes beschreibt zuerst ihr allgemeines Verände-rungsmodell und dann ihr 16 Schritte umfassendes Behandlungsmanual. Anschließend folgen Fallbeispiele mit Transkripten aus den Therapiesitzungen. Das Buch wird abgerundet durch einige Arbeiten zu speziellen sexualtherapeutischen Fragestellungen.

Carl-Auer-Systeme Verlag • Weberstr. 2 • D-69120 Heidelberg
Tel.: (0 62 21) 64 38 0 • Fax: (0 62 21) 64 38 22

Peter R. Breggin
→ **Giftige Psychiatrie Teil 2**
Was Sie über Psychopharmaka und Biologie bei „Angst",
„Panik", „Zwang", „Eßstörungen", „Sucht" und „kindlichen
Verhaltensauffälligkeiten" wissen sollten.
Übersetzt aus dem Amerik. von Christel Rech-Simon
305 Seiten, Kt
DM 44,–/öS 321,–/sFr 41,–
ISBN 3-931574-38-5

Peter R. Breggin untersucht im zweiten Band von „Giftige Psychiatrie", ob der wissenschaftliche Anspruch der Biopsychiatrie in diesem Bereich begründet oder doch nur ein Mythos ist. Er liefert die Grundlage für ein Verstehen der Patienten und eröffnet alternative Behandlungsmöglichkeiten.

bereits erschienen:
Breggin, Peter R.
→ **Giftige Psychiatrie Teil 1**
Was Sie über Psychopharmaka, Elektroschock, Genetik und
Biologie bei „Schizophrenie", „Depression" und „manisch-
depressiver Erkrankung" wissen sollten
Übersetzt aus dem Amerik. von Christel Rech Simon
345 Seiten, Kt, 1996
DM 44,–/öS 321,–/sFr 41,–
ISBN 3-927809-44-6

Carl-Auer-Systeme Verlag • Weberstr. 2 • 69120 Heidelberg
Tel.: (06221) 64 38 0 Fax: (06221) 64 38 22